No le digas a nadie

Arturo Orozco

Reservados todos los derechos. No se permite la reproducción total o parcial de esta obra, ni su incorporación a un sistema informático, ni su transmisión en cualquier forma o por cualquier medio (electrónico, mecánico, fotocopia, grabación u otros) sin autorización previa y por escrito de los titulares del copyright. La infracción de dichos derechos puede constituir un delito contra la propiedad intelectual.

El contenido de esta obra es responsabilidad del autor y no refleja necesariamente las opiniones de la casa editora. Todos los textos e imágenes fueron proporcionados por el autor, quien es el único responsable por los derechos de los mismos.

Publicado por Ibukku
www.ibukku.com
Diseño y maquetación: Índigo Estudio Gráfico
Copyright © 2022 Arturo Orozco
Las referencias a la Biblia corresponden a la versión Reina Valera 1960.
Si la cita está entre paréntesis, entonces es parafraseada o una porción del verso.
ISBN Paperback: 978-1-68574-094-8
ISBN eBook: 978-1-68574-095-5

Índice

Introducción	7
Sección 1	
Hablando sin usar la voz	13
Capítulo 1	
Embajadores	15
Capítulo 2	
El árbol genealógico	21
Capítulo 3	
La batalla del cuerpo	27
Sección 2	
La lepra y el hombre	
¿Cómo afecta la lepra al hombre?	33
Capítulo 4	
Una presa fácil	35
Capítulo 5	
¿Qué te hace una víctima?	43
Capítulo 6	
¿Cómo se abre la puerta?	51
Capítulo 7	
Sistema inmunológico	59
Capítulo 8	
Tentaciones	67
Sección 3	
La lepra y el sacerdote	
¿Cómo se trata la lepra?	75
Capítulo 9	
El dilema	77
Capítulo 10	
Pies en la tierra, ojos en el cielo	81
Capítulo 11	
La experiencia nos hace… ¿mejores?	87
Capítulo 12	
La historia del corazón	95
Capítulo 13	
¿Hasta dónde llegarías?	103

Capítulo 14
Nacer otra vez... otra vez   111
Capítulo 15
Entre capítulos   119

Sección 4
Sacrificio, Holocausto, y Ofrenda   **123**
Capítulo 16
¿Qué haces con tu animal?   125
Capítulo 17
El porqué de la cruz   129
Capítulo 18
La nueva aldea   135
Capítulo 19
El clamor del mundo   141
Capítulo 20
La copa y la esponja   147
Capítulo 21
El ADN de Dios   153
Capítulo 22
¿A quién debo liberar?   157
Capítulo 23
Evidencia de la evidencia   163

A mi esposa Carolina que ha estado a mi lado para apoyarme en cada proyecto. A cada paso que doy, y volteo a mi lado, ella esta ahí, gracias.
A mis hijos Esteban y Hannah que son mi motivación para seguir intentando cambiar el mundo para dejar un mejor lugar para las generaciones que vienen detrás de nosotros.

Introducción

Esta historia comienza con un hombre bajando de un monte; no, no es cualquier hombre, es Dios hecho hombre, Dios encarnado, visitando nuestro mundo. Es Jesús.

Después de su primer discurso, después de haberle hecho saber a la gente lo que espera de ellos si deciden seguirlo, baja del monte (Mateo 5, 6, 7).

Jesús va caminando y detrás de él se ve una nube...

...Casi mil quinientos años atrás, no en ese monte, sino en el monte Sinaí, se ve un hombre caminando. El va subiendo al monte, es Moisés; esta vez él va subiendo hacia una nube.

Debajo del monte, multitudes no se pueden acercar porque "no son dignos". Si alguno se atreve a pasar el límite y pisar el monte, morirá. Moisés está a punto de recibir la ley.

(Éxodo 19) Dios solo quiere hablar con Moisés, él se encargará de llevar el mensaje a los demás porque no entienden, no están preparados para eso.

En esta ocasión Moisés será el mediador entre Dios y los hombres.

El contraste:

Moisés va subiendo al monte, hacia una nube, donde Dios hablará con él.

Jesús va bajando del monte, esta vez, la nube lo va siguiendo a él.

Moisés subiendo sólo, nadie más tiene permitido cruzar el límite del monte.

Jesús no está sólo, la nube que va detrás de él, es una nube de polvo, provocada por cientos, si no es que miles de sandalias de gente que estuvo con él en el monte.

Moisés bajará con leyes grabadas en piedra para leerlas delante de ellos, y a través de sus oídos entiendan lo que Dios quiere.

Jesús les hizo saber en su sermón lo que espera de ellos, pero esta vez bajará junto con ellos para mostrarles cómo se hace.

La ley de Moisés está enfocada en frutos o comportamiento.

La ley de Jesús está enfocada en la raíz o el corazón. (Ahí está el problema).

La ley de Moisés exige que te esfuerces para ser mejor.

La ley de Jesús pide que te rindas para que él pueda hacer lo que tú no puedes.

Y nosotros estamos parados frente a ellos para tomar una decisión.

La pregunta que solamente nosotros podemos contestar es...

¿Qué es más fácil, cargar dos tablas de piedra, o cargar una cruz?

Es necesario cambiar el corazón porque de ahí salen los pensamientos, las palabras, los planes, las pasiones. Decimos y actuamos lo que hay dentro de nuestro corazón.

Pero para cambiar esto, Jesús nos enfrenta a la raíz del problema...

Cuando Jesús terminó su sermón, bajó del monte, y mucha gente le seguía.

Es bueno saber que después de que Jesús terminó su mensaje y expuso sus condiciones o requisitos para ser un discípulo de él, mucha gente decidió cambiar su mentalidad y estaba dispuesta a dar lo que él pedía.

Pero en cuanto Jesús comienza a caminar, y baja del monte, se presenta un obstáculo más: la lepra. (Mateo 8:1-2)

No la persona que portaba la impureza, sino la impureza en sí, la contaminación.

Las características de esta impureza, son muy parecidas al pecado.

(Vamos a revisar estas características a través del libro)

Incluso se creía que la lepra era en cierta forma enviada por Dios, no como enfermedad sino como una impureza.

Por esto, los médicos no eran quienes la trataban, sino los sacerdotes.

Había ciertos rituales o ceremonias respecto a cómo tratar esta impureza y a la persona que la portaba.

Jesús va bajando del monte, sabiendo que cambió la mentalidad de la gente que lo sigue. Pero cuando ve a esta persona, se acuerda que hay algo más profundo que lo que uno piensa, más dañino que lo que uno maquina.

El pecado. Y este va más allá de la mente, más allá del alma, este daña el espíritu, el carácter de la persona, su integridad, su identidad.

Aunque quisiéramos seguir a Dios y agradarle, hay algo en nosotros que está a la expectativa para hacernos fallar, hacernos caer, hacernos sentir que defraudamos a Dios. Pero para entender el pecado tenemos que compararlo con algo que podamos comprender para tener un panorama más amplio y saber contra qué estamos peleando cada día.

Aquí tenemos la lepra. Se creía que era una impureza de la que uno no se podía deshacer. No se conocía el cómo se contraía, pero si alguien era portador de ella, estaba a la disposición del sacerdote quién consideraba los avances de la persona o su retroceso para imponer rituales y tener un control, no de la impureza, sino de la persona. Para evitar que contagiara a los demás.

Tenemos a este hombre sintiendo que no era digno de acercarse a Jesús por su condición.

Pero aún así, lo tenemos debajo del monte, en los límites, esperando la oportunidad de encontrarse con Jesús. (Igual que en el monte Sinaí, donde Moisés recibió la ley. La gente estaba en el límite del monte porque estaban contaminados por el pecado, no se podían acercar porque su impureza no era compatible con la santidad de Dios.)

Mientras está esperando, escucha a Jesús predicando su sermón...

Escucha a Jesús hablar de un Dios que no te margina, como lo hace la ley.

Escucha de un Dios que se preocupa por vestir a las flores de colores, cuando la ley te ordena que tu vestuario exhiba tu condición como impuro.

Escucha de un Dios que alimenta las aves del cielo, cuando la ley te envía lejos de la comunidad sin importar si comes o no.

Escucha de un Dios que te acepta cuando te acercas. En contraste con la ley, las veces que se ha querido acercar a alguien, sólo recibe desprecio, y en ocasiones, pedradas para alejarlo de ellos.

Escucha el concepto de gracia, aunque no creo que lo entienda.

Es una palabra que no está en su vocabulario, no desde que se enteró que había contraído la lepra. Jesús le está pintando un mundo muy diferente, una vida muy diferente, (o debería decir, una vida). Pero no puede cruzar el límite del monte.

La ley se lo prohíbe...pero la gracia viene en camino hacia él.

El resultado es mucho más diferente que el del monte Sinaí. Esta vez Dios bajará del monte a encontrarse con él.

Llega esta persona que estaba contaminada con lepra y se postra delante de Jesús.

Los que están alrededor de Jesús dan un salto hacia atrás, no quieren tocarlo o ser tocados por él.

El no podía andar entre la gente, así que no podía estar con todos ellos cuando Jesús daba su mensaje, él tenía que estar apartado.

Estaba obligado a exhibir o publicar su condición.

Así que si la gente se mueve hacia atrás para que no se les acerque, él está acostumbrado a eso. Su condición lo obliga a no tener que incomodarse por ese tipo de actitudes de los demás hacia él.

Aunque por dentro le duela, no puede externar esos sentimientos, es la ley.

Parece que está resignado a estar con esta impureza toda su vida, por la forma en que se acerca a Jesús, y lo que le dice: "Si tú quieres, puedes limpiarme".

No le pide que lo haga, le deja la opción.

Sólo se rinde delante de Jesús, y le deja el resto en sus manos.

Pone su vida en manos de Jesús.

El sabe que Jesús tiene el poder para limpiarlo, de otra manera no se hubiera acercado a él.

El Dios que predica Jesús, se escucha mucho más diferente al Dios que se le ha predicado a él.

Jesús lo mira postrado, rendido, poniendo lo que le quedaba de esperanza en él.

Y eso conmueve a Jesús. Y le dice: ¡Sí quiero!

Lo toca, y en ese instante el hombre sintió como su piel contaminada por tanto tiempo estaba siendo renovada; todas las llagas, las heridas, estaban siendo limpiadas.

Se levanta, se mira a sí mismo, y puede ver que es limpio.

Y lo primero que ve Jesús en sus ojos, son las intenciones de correr por toda la ciudad y gritar lo que acaba de sucederle.

La gente conocía su voz, pues al caminar por los lugares tenía que exhibir su condición, y gritar: ¡inmundo!

Su grito ya no sería ese, su nuevo grito sería: ¡Soy limpio!

Cuando antes sentía vergüenza de que lo miraran, ahora quería correr y que todos lo vieran con su nueva piel, con su nueva condición.

Pero Jesús lo detiene...

Y le da otras instrucciones:

¡NO LE DIGAS A NADIE!

Ve con el sacerdote, que te revise, y presenta la ofrenda que ordenó Moisés.

Sé que no puedes contener las ganas de salir corriendo y predicarles a todos lo que te sucedió.

Sé que quieres que todos se enteren de ésta experiencia.

Pero primero tienes que asegurarte de que eres limpio, y después puedes decirles.

Tú lo sabes, pero ellos no. Necesitan evidencia.

El sacerdote tiene que dar testimonio de lo que sucedió.

El sacerdote tiene que hablar por ti. Presenta la ofrenda.

Y cuando el sacerdote te lo diga, puedes correr y decirles.

La lepra era una impureza muy delicada en la ley, se daba un seguimiento específico de cómo tratarla.

Y cuando se creía que la persona era limpia, había cierto ritual para asegurarse de que fuera así.

Igual el pecado, es una impureza, no en la piel; pero más profundo que eso, éste daña nuestro espíritu, nuestro corazón; y mientras no podamos ser limpios de eso, es difícil ser testimonio para los demás. Es difícil dar evidencia.

Tenemos que recuperar nuestro carácter, nuestra identidad, para poder salir y decirles a los demás lo mismo que dijo el apóstol Pablo:

imítenme a mí, como yo imito a Jesús
(1 Corintios 11:1)

Decirles: Mírenme a mí, ¿quieren ser como yo?
Esto requiere un sacrificio.
Para que el sacerdote hable por nosotros.
Y poder ser exhibidos.
Y poder ser escuchados...
No le digas a nadie.
Vamos con el sacerdote.

Sección 1
Hablando
sin usar la voz

Capítulo 1
Embajadores

Así que somos embajadores en nombre de Cristo, como si Dios rogase por medio de nosotros; os rogamos en nombre de Cristo: Reconciliaos con Dios.

2 Corintios 5:20

¿Cuál es el trabajo de un embajador? Es una persona que es ciudadano de cierto país, pero trabaja en un país diferente; abogando por su país o haciendo tratos, cuidando el bienestar de su país, pero lejos de él.

Eso no le quita su ciudadanía, solo lo hace un intermediario entre dos países.

El apóstol Pablo dice que somos embajadores de Dios.

Nuestra ciudadanía está en los cielos, y estamos en la tierra para interceder por nuestro lugar de donde tenemos esa ciudadanía.

Lo que haga un embajador, dice mucho del lugar que está representando.

Puede levantar a su país o hacerlo ver mal ante los demás, dependiendo de su trabajo o su actitud.

Desde el principio, Dios escogió un pueblo que llevaría su nombre.

Israel: "príncipe de Dios."

Él apostó por ellos, tanto, que hasta les dio su nombre; ellos eran el pueblo escogido por Dios para conquistar un gran territorio y establecerse ahí.

Y vivir para Dios. Demostrando que hay Dios en Israel.

Él siempre tuvo cuidado de ellos, siempre los protegía y les enseñaba como vivir.

Llegaban reyes buenos y reyes malos al trono. Unos querían hacer lo correcto, otros no.

Y ese tipo de actitudes los llevó a ser tomados como esclavos y ser llevados a tierras donde no debían estar.

Y aún en su propia tierra hacían cosas que Dios no les había enseñado, cosas que habían aprendido de otros lugares.

Hay un pasaje donde Dios abre su corazón y externa lo que piensa de eso:

Hijo de hombre, mientras la casa de Israel moraba en su tierra, la contaminó con sus caminos y con sus obras; como inmundicia de menstruosa fue su camino delante de mí.

Y derramé mi ira sobre ellos por la sangre que derramaron sobre la tierra; porque con sus ídolos la contaminaron.

Les esparcí por las naciones, y fueron dispersados por las tierras; Conforme a sus caminos y conforme a sus obras los juzgué.

Y cuando llegaron a las naciones adonde fueron, profanaron mi santo nombre, diciéndose de ellos: estos son pueblo de Jehová, y de la tierra de él han salido.

Ezequiel 36:17-20

Dios dice que cuando uno como embajador hace algo indebido, o toma una actitud incorrecta; y alguien más se da cuenta y habla mal de él, no está manchando solo su nombre, sino el nombre de Dios.

Como vimos al principio del capítulo, si el embajador hace algo indebido, se habla mal de su país.

Y Dios se ha ocupado tanto de guardar su nombre desde siempre. Él es perfecto, pero al prestarnos su nombre, si hacemos algo mal, se habla mal de él, porque lo estamos representando en la tierra.

Y en este pasaje del libro de Ezequiel, dice Dios que su pueblo salió de su tierra y comenzaron a actuar como las otras naciones, comenzaron a tomar patrones o tradiciones de donde no deberían. Y los demás, al verlos, se reían de ellos diciendo: ¿Este es el pueblo de Dios? Y Dios sigue diciendo:

Pero he tenido dolor al ver mi santo nombre profanado por la casa de Israel entre las naciones adonde fueron.
Por tanto, di a la casa de Israel: así ha dicho Jehová el señor: No lo hago por vosotros, oh casa de Israel, sino por causa de mi santo nombre, el cual profanasteis vosotros entre las naciones adonde habéis llegado.
Ezequiel 36:21-22

Lo que no pudieron hacer los Filisteos, Faraón, Baal, Dagón, Jericó, Hay, los Amalecitas y tantos enemigos de Dios, lo estaba haciendo el mismo pueblo de Dios. El pueblo en el que Dios confiaba. El pueblo al que Dios prestó su nombre.

Pero Dios quería cambiar eso, él no quería que las demás naciones pensaran que él había cambiado, que no era el mismo de antes, Él tenía que hacer algo.

Algo drástico para recuperar el respeto que merece. Para recuperar su nombre.

No quiero imaginarme al profeta Ezequiel teniendo que escuchar la voz de Dios al decirle esto; Dios siempre cuidando que su nombre no sea blasfemado, que no sea motivo de burla; y la actitud de su pueblo es lo que estaba provocando.

Él tenía que hacer algo al respecto.

Y tiene una idea:

Y santificaré mi grande nombre, profanado entre las naciones, el cual profanasteis vosotros en medio de ellas; y sabrán las naciones que yo soy Jehová, dice Jehová el señor, cuando sea santificado en vosotros delante de sus ojos.
Ezequiel 36:23

La forma en que Dios tiene que santificar su nombre es a través de nosotros.

Si él hace que su pueblo piense como él, se van a cuidar de no dar motivos para que las demás naciones hablen mal de ellos, y así, tampoco hablaran mal de él.

Ser buenos embajadores. Pero, ¿Cómo podría él hacer eso?

Y los tomaré de las naciones, y os recogeré de todas las tierras, y os traeré a vuestro país.

Ezequiel 36:24

Lo primero es recordar de dónde somos. El lugar que estamos representando como embajadores.

Si hemos salido del territorio que Dios nos puso o hemos pasado los límites de lo que nos pone en peligro de ser señalados, Dios dice que tenemos que regresar.

Estando dentro de su camino es más fácil para Dios trabajar con nosotros; No que sea difícil para él, pero uno debe tener la disposición para que Dios pueda hacer un cambio en nosotros, él no nos obliga.

Así que si queremos ser embajadores de Dios, tenemos que vivir conforme al lugar que estamos representando.

Esparciré sobre vosotros agua limpia, y seréis limpiados de todas vuestras inmundicias; y de todos vuestros ídolos os limpiaré.

Ezequiel 36:25

Tenemos que ser limpiados de todo lo que recogimos mientras andábamos lejos de casa, costumbres, patrones, tradiciones, etc.

Confesar lo que hicimos, abrirnos delante de Dios y reconocer que estuvimos mal. Reconocer que el estilo de vida que llevábamos, no era precisamente el que Dios esperaba de nosotros.

Y cuando habla de ídolos, habla de quitar lo que pudiera estar ocupando el lugar de Dios en nuestro corazón. Algo a lo que le estemos prestando más importancia o dándole más tiempo que el que le damos a Dios, algo que estemos idolatrando.

Os daré corazón nuevo, y pondré espíritu nuevo dentro de vosotros; y quitaré de vuestra carne el corazón de piedra, y os daré un corazón de carne.

Ezequiel 36:26

Nos dará un corazón "nuevo". Al hablar de nuevo, está diciendo que nos dará una oportunidad de volver a empezar, de comenzar desde cero. Un corazón nuevo, sin las manchas, sin las heridas, sin las desilusiones, sin los fracasos que alguna vez pensamos que teníamos.

Este nuevo corazón que se nos dará estará limpio.

Esto solo se consigue a través de la confesión, sacando todo lo que nos está torturando; limpiar nuestra mente y nuestro corazón entregando todas esas cargas a Dios y reconociendo que solo él puede deshacerse de todo eso que nos estorba.

Este corazón será de carne, que puede sentir, no como el de piedra.

Un corazón de carne, sensible a la voz de Dios, sensible a las instrucciones de Dios.

Un corazón que pueda sentir la necesidad de los demás, un corazón que sea conforme al corazón de Dios.

Y pondrá un nuevo espíritu dentro de nosotros, un nuevo carácter, nueva ética, nuevos principios, nueva identidad.

Ese es el espíritu de nosotros, nuestro carácter.

(Vamos a extendernos más en este tema en la sección dos.)

Y pondré dentro de vosotros mi Espíritu, y haré que andéis en mis estatutos, y guardéis mis preceptos, y los pongáis por obra.

Ezequiel 36:27

Ese es el resultado cuando tenemos un nuevo espíritu, nuestro carácter está alineado con el de Dios.

El puede poner su Espíritu en nosotros, y el resultado es que vamos a vivir de acuerdo a su forma de pensar, un espíritu alineado con el de Dios.

Aparte de ser sensibles a la voz de Dios, podemos ser accesibles para hacer lo que esa voz nos dice.

Ahora veo que este trabajo como embajador de Dios requiere de sacrificio.

Ahora entiendo porque Jesús le dijo al leproso que no le dijera a nadie, que primero fuera al sacerdote a ofrecer el sacrificio, y después podía ir y decirle a los demás.

Como dijo el apóstol Pablo:

Nuestras cartas sois vosotros, escritas en nuestros corazones, conocidas y leídas por todos los hombres;
Siendo manifiesto que sois carta de Cristo expedida por nosotros, escrita no con tinta, sino con el Espíritu del Dios vivo; no en tablas de piedra, sino en tablas de carne del corazón.

2 Corintios 3:2-3

Qué bueno hubiera sido que en lugar de cartas, hubiéramos sido bocinas; así la gente solo tendría que escuchar lo que decimos, y no tendrían que estar mirando nuestra forma de vivir o nuestro ejemplo.

No importa que tan fuerte gritemos, la gente puede ver a través de las palabras.

No importa que usemos las palabras más elocuentes, el mundo espera acciones.

No se trata de palabras, no se trata tanto de lo que decimos.

Hace más ruido lo que hacemos. Resaltan más los hechos.

Dios lo sabe. Y ahora nosotros lo sabemos.

Se trata de evidencia.

Capítulo 2
El árbol genealógico

Mas a todos los que le recibieron, a los que creen en su nombre, les dio potestad de ser hechos hijos de Dios.

Juan 1:12

Todos tenemos un árbol genealógico. Es el historial de donde descendemos.

Padres, abuelos, bisabuelos, etc.

Uno puede sentirse orgulloso o satisfecho del árbol del que desciende; o también uno puede sentirse en cierta forma avergonzado del mismo.

Uno no decide de dónde desciende, no es elección de uno y mucho menos responsabilidad.

Conozco una familia donde el abuelo hizo algo en el lugar donde vivían, y la familia de él decía que él había "manchado el apellido".

Ellos comenzaron a ser vistos mal por la gente que los conocía, y tuvieron que mudarse del lugar donde vivían, y aparte, cambiaron su apellido, porque el anterior les recordaba lo que esta persona había hecho.

Aunque no es nuestra responsabilidad, a veces somos juzgados o etiquetados por nuestra ascendencia.

Si el padre o el abuelo hicieron algo en contra de la ley o la moral, uno es etiquetado basado en eso.

Si ellos eligieron vivir un estilo de vida que la sociedad reprueba, uno es juzgado por eso.

Estaba leyendo un pasaje donde Jesús pasó por un momento como estos:

Y viniendo a su tierra, les enseñaba en la sinagoga de ellos, de tal manera que se maravillaban, y decían: ¿de dónde tiene éste esta sabiduría y estos milagros?
¿No es el hijo del carpintero? ¿No se llama su madre María, y sus hermanos, Jacobo, José, Simón y Judas?
¿No están todas sus hermanas con nosotros?¿De dónde, pues, tiene éste todas estas cosas?

Mateo 13:54-56

Jesús estaba acostumbrado a hacer cosas que maravillaban a la gente:

La forma en la que hablaba, su actitud hacia las personas que profesaban una religión "recta", pero solo querían cargar a la gente con cosas que ellos mismos no tocaban con un dedo.

La forma de sanar a los enfermos: los ciegos miraban, los mudos hablaban, los sordos oían.

Pero la forma en la que esta gente estaba maravillada era muy diferente; esta gente estaba maravillada en una forma escéptica, era imposible para ellos creer que Jesús hablara con tanta sabiduría y poder.

¿Por qué no creían lo que miraban? Para ellos era imposible asimilar estos eventos porque conocían a su familia, conocían a sus hermanos.

El argumento de ellos era: si conocemos a sus hermanos, sabemos que su padre es un carpintero, conocemos a sus hermanas; ¿cómo es que él sabe todo esto?

Si lo están comparando con sus hermanos y están diciendo que él no debería hablar así, es porque sus hermanos no tenían la sabiduría que él tiene. No tienen esa lógica, no tienen esa autoridad para hablar; eran como los demás, nada especial. No sobresalían comparados con la demás gente.

Y aquí está Jesús, siendo juzgado por la actitud de sus hermanos. Siendo etiquetado por la falta de sabiduría de su familia.

Aunque no fuera culpa de él, la vida que hayan elegido sus hermanos.

Y eso provocó que la gente no quisiera escucharlo.

Esto provocó que la gente no se interesara en lo que él tenía que decir.

Aunque esa falta de interés sólo afectaba a los escépticos...

...Ese NO era el plan de Jesús.

La vida común de su familia, cerraba el camino para predicar en su tierra.

La indiferencia de sus hermanos, le esterilizaba el terreno...

¡Un momento!.. si Juan 1:12, dice que si recibo a Jesús y creo en su nombre, esto me convierte en hijo de Dios...

...Y la vez que Jesús se bautizó, se abrió el cielo, y se escuchó una voz que decía: este es mi hijo amado...

...Si Jesús es hijo de Dios, y yo soy hijo de Dios...

¿Esto me convierte en hermano de Jesús?

¿Podría este pasaje aplicarse a mí?

¿Habrá veces en las que mi deseo por vivir una vida "común" haya provocado que la gente juzgue a Jesús por la actitud de su hermano?

¿Habrá ocasiones en que mi falta de autoridad le cierre las puertas a Jesús en la vida de alguien que en realidad lo necesita?

¿Habrá alguna vez en la que Jesús haya sido etiquetado por mi actitud?

Aunque no somos responsables, como dije al principio, de la ascendencia que tenemos o de los errores que hayan cometido nuestros antepasados aún antes de que naciéramos; somos responsables de nuestro testimonio, para que nuestra descendencia no sea juzgada o etiquetada por nuestros errores.

Somos responsables de lo que hacemos o de la forma en que vivimos, para que Dios, quien nos presta su nombre, no sea juzgado o insultado por culpa nuestra.

Hubo varias ocasiones en las que Dios se quejaba (o se queja) de lo que las personas a las que él les prestaba (o presta) su nombre hacían.

Uno de estos pasajes se encuentra en la carta a los Romanos:

He aquí, tú que tienes el sobrenombre de Judío, y te apoyas en la ley, y te glorias en Dios, y conoces su voluntad, e instruido por la ley apruebas lo mejor, y confías en que eres guía de los ciegos, la luz de los que están en tinieblas, instructor de los indoctos, maestro de niños, que tienes en la ley la forma de la ciencia y de la verdad.
Tú, pues, que enseñas a otro, ¿no te enseñas a ti mismo? Tú que predicas que no se ha de hurtar, ¿hurtas?
Tú que dices que no se ha de adulterar, ¿adulteras? Tú que abominas a los ídolos, ¿cometes sacrilegio?
Tú que te jactas de la ley, ¿con infracción de la ley deshonras a Dios?
Porque como está escrito, el nombre de Dios es blasfemado entre los gentiles por causa de vosotros.

Romanos 2:17-24

No es suficiente con usar el nombre de Dios para identificarnos, ese es sólo el principio, es una gran responsabilidad llevar ese nombre porque, o es levantado por nuestra actitud, o es avergonzado por lo que hagamos.

Recuerdo en mi niñez, uno de mis hermanos, Benjamín, comenzó a salir de la casa, a vagar por el barrio, entre pandillas, y su nombre se dio a conocer, se hizo respetar donde vivíamos.

Y él nos decía a nosotros que no anduviéramos en la calle como él; él sabía que si los demás sabían que éramos sus hermanos, iban a querer cobrarnos a nosotros lo que él hacía.

Y así era, en camino a la escuela, o de regreso, había veces que nos encontrábamos con problemas en el barrio, y solo teníamos que decir que éramos hermanos de él.

El mencionar nuestro parentesco con él traía dos resultados, o nos dejaban en paz por precaución a que le dijéramos a él, o nos llevábamos un golpe solo por ser sus hermanos.

Gran responsabilidad ser los hermanos menores de él.

Pasó el tiempo, y él comenzó a asistir a una iglesia cristiana, poco después, se internó en un instituto bíblico para ser un ministro en la iglesia.

Lo veíamos los fines de semana cuando le permitían ir a nuestra casa a visitarnos, ahora su vida había cambiado.

¿Teníamos que preocuparnos por ser sus hermanos?

Él ya no tenía problemas en el barrio después de todo.

Él venía los fines de semana de visita...

Y si nos miraba jugando en el patio de la casa, nos decía:

¡Vayan a leer la biblia!

¡Vayan a orar!

¡¿Por qué pierden el tiempo?!

Una nueva responsabilidad.

Solo por ser sus hermanos.

Y es lo mismo con Jesús, era una gran responsabilidad ser su hermano.

Lo que ellos hicieran afectaría a Jesús.

Afectaría la credibilidad de la gente que los conocía.

Afectaría el ministerio de Jesús.

Afectaría sus planes.

Y sigue siendo una gran responsabilidad hasta ahora pertenecer a su familia, usar su nombre.

Por esto es importante el testimonio.

El concepto que la gente tiene de nosotros.

Lo que mostramos a los demás.

Cuando el hombre que tenía lepra fue limpio, pudo correr y decirle a todos; él estaba seguro que estaba limpio, podía ver su nueva piel, había recuperado su identidad. Pero tal vez habría gente que no creyera lo que en realidad había ocurrido, antes de que este hombre se les acercara lo iban a rechazar por falta de evidencia. Además el hombre aún estaría vestido con la ropa que identificaba a los leprosos. Por esto, Jesús lo mandó con el sacerdote para que este se asegurara de que era limpio en realidad. Era parte del ritual.

Es lo mismo con nosotros, cuando conocemos a Jesús somos limpiados, pero tenemos que estar seguros, tenemos que estar firmes y saber que no vamos a volver atrás, saber que no seguiremos en la misma situación de antes. Mucho menos si hay gente que nos conoció antes de venir a Jesús.

Ellos necesitan ver la diferencia.

Ellos no solo van a escuchar lo que digamos, ellos van a ver lo que hacemos. Son ojos sobre nosotros; y si cometemos un error, si volvemos a lo de antes, si no se ve ninguna diferencia, no solo nos van a juzgar a nosotros, sino al nombre que estamos usando, al nombre de Dios.

Es una gran responsabilidad pertenecer a la familia de Dios.

Compartir su nombre.

Ser los hermanos menores de Jesús.

Si sus hermanos hubieran seguido sus pasos, si hubieran entendido la gran responsabilidad. Si hubieran elegido ser diferentes a los demás.

Si hubieran elegido ser ejemplo. Ser testimonio.

En ese lugar no hubiera existido ese escepticismo, esa incredulidad, y Jesús hubiera podido hacer milagros, sanidades, mucha gente hubiera cambiado su vida.

Mucha gente hubiera cambiado su forma de pensar.

Mucha gente hubiera cambiado su perspectiva hacia Jesús.

Y esa ocasión, hubiera sido una nueva oportunidad para que Jesús mostrara lo que puede hacer. Para que Jesús mostrara quién es.

Sería un gran alivio poder cambiar este pasaje de Mateo capítulo trece, y pretender que nunca pasó algo así, o que nunca pasaría eso.

Bueno, hay una forma de hacerlo, Jesús está queriendo entrar a su tierra, a su territorio, al mundo.

Queriendo hacer una diferencia.

Queriendo cambiar vidas.

Y aquí estás tú, aquí estoy yo.

Como parte de su familia.

Como sus hermanos menores.

¿Qué vamos a hacer?

Capítulo 3
La batalla del cuerpo

Sino que golpeo mi cuerpo, y lo pongo en servidumbre, no sea que habiendo sido heraldo para otros, yo mismo venga a ser eliminado.

1 Corintios 9:27

¿Quién no ha batallado con el cuerpo?
¿Quién no ha tenido problemas para poder controlarlo?
¿Quién, en la desesperación, no ha golpeado su cuerpo por hacer algo que no estaba planeado, o por no tener los reflejos que se esperaban?

Incluso el apóstol Pablo, dedicó un capítulo de sus cartas para exponer ese problema:

Y yo se que en mí, esto es, en mi carne, no mora el bien; porque el querer el bien está en mi, pero no el hacerlo.
Porque no hago el bien que quiero, sino el mal que no quiero, eso hago.
Romanos 7:18-19

Hubo alguien que mientras estuvo en la tierra, nunca batalló con el cuerpo, nunca se quejó de ese problema.

Porque él sabía aprovechar el tiempo, sabía cómo alimentarse espiritualmente para que su cuerpo no tuviera reacciones o deseos que fueran a sorprenderle.

Sabía en qué usar su mente, sus pensamientos, para no darle lugar a la tentación.

Pero, ¿Por qué digo que nunca batalló con el cuerpo "mientras" estuvo en la tierra?

¿Cómo puede ser que alguien batalle con su cuerpo después de haber dejado este mundo? ¿No se supone que al dejar éste mundo, dejamos el cuerpo también?

¿Qué no es obvio? ¿No es lógico?

Si existió alguien que nunca batalló con el cuerpo en este mundo, es Jesús.

Si existe alguien que batalle con el cuerpo después de irse de este mundo, es Jesús.

Y él es la cabeza del cuerpo que es la iglesia…

(Colosenses 1:18)

Y sometió todas las cosas bajo sus pies, y lo dio por cabeza sobre todas las cosas a la iglesia,
La cual es su cuerpo, la plenitud de aquel que todo lo llena en todo.

Efesios 1:22-23

La iglesia es el cuerpo de Cristo, él es la cabeza.

La cabeza debería controlar al cuerpo, se supone que la cabeza le dice al cuerpo que hacer, este solo obedece. El cuerpo no puede mandarse solo.

¿Alguna vez has sentido que, como cuerpo de Cristo, has hecho lo que has querido y no lo que la cabeza te dice que hagas?

Si solo yo he sentido eso… debería sentir vergüenza en este momento.

Imagínate que le dieras una orden a tu cuerpo, y este hiciera algo diferente.

Que fueras caminando, y de repente, un pie solo se detiene porque no le gusta el camino por el que vas, o porque quiere ir a otro lado.

Que los miembros del cuerpo se rebelaran, y cada uno hiciera lo que se le antojara.

O peor, que los miembros de tu cuerpo se pusieran en contra uno del otro.

Que la mano se pusiera a compararse con el pie porque ella cree que es más útil.

Y hubiera guerra entre ellos, y una mano se opusiera a trabajar en conjunto con la otra para levantar algo pesado, solo porque la mano derecha no usa un anillo cómo el de la izquierda.

¿No sería ridículo?

¿No te molestaría algo así?

¿No te gustaría en ese momento hacer algo drástico?

Tendría que ocurrirnos algo así para que podamos entender lo que Jesús siente a veces.

Para saber lo que piensa de nosotros cuando actuamos así.

Cuando el pie critica a la mano por no saber caminar.

Cuando la mano se ríe del pie por no tener la capacidad de tomar ciertos objetos.

Cuando el pulmón piensa que es más importante que el hígado.

Un cuerpo trabaja en conjunto. Es un conjunto.

Los diferentes miembros del cuerpo tienen diferentes propósitos, pero el mismo fin.

Cuando un dedo es golpeado, la otra mano lo abraza y lo masajea para que se sienta mejor.

Cuando un miembro del cuerpo siente dolor, todos los miembros se unen para conseguir un medicamento.

La acción de un miembro, puede afectar a los demás.

Necesitamos aprender de nuestro cuerpo, de las veces que no nos obedece, que parece que está enfermo, para que entendamos que así como nos sentimos, así mismo se siente Jesús cuando su cuerpo no lo obedece y actúa como si estuviera enfermo.

Somos un cuerpo, y Jesús es la cabeza, y si estamos descoordinados de la función que debemos desempeñar en este cuerpo, puede afectar el funcionamiento del cuerpo completo.

Cuántas veces no hemos dicho la frase: "no le hago mal a nadie."

Si hago tal cosa, nadie me está mirando, ¿Quién puede salir afectado?

No creo que vaya a lastimar a alguien con esto.

Primero, si hacemos algo de lo que no estamos seguros, o que tenemos que escondernos de los demás para que no lo sepan, estamos alimentando a la carne, la cual se hará más fuerte que el espíritu.

Y el resultado de esto es que los frutos que salgan del corazón, ya no serán los mismos, los pensamientos ya no serán los mismos, seríamos como ese pie que quiere ir por su propio camino, y no por donde la cabeza le dice que camine.

Velad y orad, para que no entréis en tentación; el espíritu a la verdad está dispuesto, pero la carne es débil.

Mateo 26:41

Segundo, en el cielo se lleva a cabo una guerra. Una guerra espiritual, Dios envía mensajes, envía respuestas a las oraciones, a las peticiones, a las intercesiones que hacemos, pero en el cielo hay oposición por parte de Satanás y sus ángeles para ser obstáculo, y evitar que esas respuestas sean traídas a nosotros.

Si nosotros, como cuerpo, estamos desalineados o en un sentir diferente al de la cabeza, estamos ayudando al equipo contrario; estamos fortaleciendo a los que deberíamos estar debilitando.

Entonces me dijo: Daniel, no temas; porque desde el primer día que dispusiste tu corazón a entender y a humillarte en la presencia de tu Dios, fueron oídas tus palabras; y a causa de tus palabras yo he venido. Mas el príncipe del reino de Persia se me opuso durante veintiún días; pero he aquí Miguel, uno de los principales príncipes, vino a ayudarme, y quedé ahí, con los reyes de Persia.

Daniel 10:12-13

Tercero, más arriba, en el trono de Dios; está Dios sentado, y siempre hay alguien que está llevándole el chisme de todo lo que hacemos, acusándonos.

El trabajo de Satanás es estar acusándonos delante de Dios de lo malo que hacemos, le está diciendo que no somos dignos, que no somos fieles, que no lo vamos a lograr...

¿Alguna vez, en tu niñez, alguien te acusó delante de tus padres de algo malo que hayas hecho? ¿Algo que amerita que tu padre se avergüence? ¿Recuerdas el rostro de tu padre? Si lo recuerdas, entonces ya no hay más que decir.

Me mostró al sumo sacerdote Josué, el cual estaba delante del Ángel de Jehová, y Satanás estaba a su mano derecha para acusarle.

Zacarías 3:1

La próxima vez que sientas hacer algo que crees que no le hará daño a nadie, bueno, piénsalo otra vez.

Y esto nos ayudará a ser un miembro del cuerpo de Cristo, un miembro que está alineado con la cabeza, que funciona como debería, y que obedece lo que se le ordena (aunque no le guste el camino por el que debe ir).

Y Jesús no va a tener que decir como el apóstol pablo:

Sino que golpeo mi cuerpo, y lo pongo en servidumbre...

(1 Corintios 9:27)

No creo que sea necesario eso... ¿o sí?

Sección 2
La lepra y el hombre
¿Cómo afecta la lepra al hombre?

Capítulo 4
Una presa fácil

Sino que cada uno es tentado, cuando de su propio deseo es atraído y seducido.

Santiago 1:14

Para comenzar a hablar de la comparación entre la lepra y el pecado, debemos entender qué provoca la lepra.

La lepra es contraída por medio de una bacteria. La bacteria es un organismo microscópico que se encuentra alrededor de nosotros. No podemos mirarla, no podemos distinguirla en su medio ambiente, pero está ahí, es parte del ecosistema; no podemos evitar el contacto con ella ni negar sus consecuencias, no podemos entenderla, pero tenemos contacto con ella en todo momento.

La bacteria que provoca la lepra lleva el nombre de mycobacterium leprae, es un organismo unicelular que carece de un núcleo. A diferencia de la célula, que tiene un núcleo en el que se encuentran el ADN y cromosomas.

La bacteria está viajando por el aire buscando un huésped donde hacer un hogar y ser alimentada. Una vez estando en el huésped, puede afectar su integridad provocando enfermedades como tuberculosis, una infección en la garganta o en casos extremos, lepra.

Hay una historia en la Biblia, en el libro de los Jueces, que nos puede ayudar a ampliar nuestra perspectiva con respecto a la comparación del pecado en nosotros con la forma en que la bacteria trata de tomar posesión de un huésped.

Había un lugar llamado Lais; ésta era una ciudad que la Biblia describe como un pueblo que era: seguro, ocioso y confiado.

Entonces aquellos cinco hombres salieron, y vinieron a Lais; y vieron que el pueblo que habitaba en ella estaba seguro, ocioso y confiado, conforme a la costumbre de los de Sidón, sin que nadie en aquella región les perturbase en cosa alguna, ni había quien poseyese el reino. Y estaban lejos de los Sidonios, y no tenían negocios con nadie.

Jueces 18:7

Para entonces, el pueblo de Israel había conquistado la tierra que Dios les había prometido, cada una de las tribus había peleado por conseguir su territorio dentro del espacio que se les había dado.

Había un pueblo al norte de este territorio, Lais; ellos estaban ubicados entre, lo que ahora era Israel y otra ciudad que se menciona, Sidón.

Sidón, era una ciudad que tenía unas costumbres diferentes a las del pueblo de Israel, no pertenecían al pueblo de Dios.

Así que los de Sidón, eran diferentes al pueblo de Dios, en cuanto a "costumbres."

Y aquí estaba Lais, sintiéndose segura de sí misma, creyendo que no tenía que depender de nadie, que no necesitaba a nadie para vivir.

Ociosa, mientras el pueblo de Israel había peleado por conquistar la tierra, había luchado por estar donde estaban ahora, disfrutando de la recompensa, disfrutando de los frutos.

Ellos preferían ser ociosos, conforme a la costumbre de los de Sidón.

Aunque Lais estaba en medio de Sidón y de Israel, volteaba a ambos lados, y decía:

"Los de Israel trabajan mucho, pelean mucho por conquistar."

"Los de Sidón no se preocupan, se conforman con ese pequeño espacio."

Y preferían imitarlos a ellos... aunque estaban lejos de ellos.

Geográficamente estaban lejos de Sidón, pero culturalmente estaban muy cerca.

Ese es el punto donde comienza el pecado, cuando estamos lejos del mundo, lejos de las actividades de antes, pero todavía tenemos ese deseo por imitarlos.

Todavía está vivo ese deseo por lo que vemos fuera de nuestro territorio.

Un detalle curioso con la bacteria que provoca la lepra es que, una vez que encuentra un huésped, dentro ya de él, va a buscar los lugares más fríos del cuerpo; por ejemplo: la nariz, las orejas y las yemas de los dedos.

Parece que la tribu de Dan estaba buscando las mismas características en un huésped para conquistar, alguien que no se preocupe por nada, que no vaya a defender su territorio.

en otras palabras: una presa fácil.

Al igual que la bacteria, ellos estuvieron viajando por todo el territorio buscando un terreno que poseer. Pero los demás tenían defensas, tenían gobernante, no eran ociosos.

Aunque Lais estaba más cerca de Israel, preferían voltear a ver a los otros.

Uno es tentado, cuando de su propio deseo es atraído y seducido. (Santiago 1:14)

¿Cuáles eran las características de esta ciudad?
¿Qué nos convierte en una presa fácil del pecado?
• No querían que nadie los perturbara, que nadie los molestara.

Ellos estaban confiados en que si nadie los molestaba, ¿Por qué preocuparse?

Estaban en su pequeña porción de tierra, cómodos; no querían que nadie los moviera de ahí, que nadie los incomodara.

No había planes, no había sueños, solo seguir respirando, comiendo, durmiendo, lo básico para sobrevivir.

Dentro de nosotros se encuentra ese deseo de búsqueda, de sobresalir, de mejorar.

Pero si estamos enfermos, estamos dormidos o contaminados, seremos como este pueblo, sin rumbo, sin destino.

Ellos eran indiferentes, eran fríos, no querían preocupaciones, no querían trabajo, eran ociosos.
- No había quien poseyese el reino.

No eran gobernados por nadie.

En este lugar nadie tiene el reino, nadie tiene el control, nadie es responsable de las consecuencias, cada uno hace lo que quiere.

Eso nos convierte en una presa fácil para el pecado, para la tentación, como no hay un control, ética, moral; somos gobernados por los instintos.

Y el cuerpo cobra vida, pues es un experto en ser guiado por instinto.

El dejarse llevar por instinto provoca que el corazón se vaya endureciendo, la conciencia se vaya opacando, y cada vez, lo que hacemos parece más normal.

Y no hay nada que nos frene, no hay nada que nos exhorte para hacernos ver lo que en realidad estamos haciendo, el daño que estamos provocando a nosotros mismos y a los que nos rodean.
- No tenían negocios con nadie.

No querían compromisos, eran ociosos hasta para tomar decisiones.

Los negocios que haces, te acercan a las personas, te hacen comprometerte con ellas. Las relaciones conllevan compromiso.

Ellos creían que podían conseguir todo lo que necesitaban para vivir sin la ayuda de nadie.

Sabemos que necesitamos depender de Dios. Pero para esto se necesita que hagamos un compromiso con él, que comencemos a hacer negocios con él.

No podemos ser independientes y llegar a ser lo que esperamos, o cumplir con el propósito para el que fuimos creados.

Todo negocio comienza con un compromiso, con intercambios. Dios te da lo que necesitas para vivir. Tú le das tu dependencia.

No se puede ser un agente libre. No espiritualmente.

¿Qué pasa si decidimos vivir una vida sin control?

¿Qué pasa si no protegemos nuestra tierra?

Y dejamos que la carne siga viva, sin gobierno.

¿Qué hace el pecado en nuestra vida?

Llegó el momento en que Lais tenía que enfrentar la prueba, y saber si le había servido de algo vivir tan cómodamente.

Si había conseguido algo al tratar de ser independiente.

Si el pueblo podía unirse, sin las indicaciones de un rey.

...Llegaron a Lais, al pueblo tranquilo y confiado; y los hirieron a filo de espada, y quemaron la ciudad.

Y no hubo quien los defendiese, porque estaban lejos de Sidón, y no tenían negocios con nadie. Y la ciudad estaba en el valle que hay junto a Bet-rehob. Luego reedificaron la ciudad, y habitaron en ella.

Y llamaron el nombre de aquella ciudad Dan, conforme al nombre de Dan su padre, hijo de Israel, bien antes se llamaba la ciudad Lais.

(Jueces 18:27-29)

Dice que cuando llegaron a atacar la ciudad, no hubo quién la defendiera.

Por no querer compromisos o negocios con nadie.

Por querer ser independientes, a la hora de la prueba, no supieron con quién ir, a quién pedirle ayuda.

No hay tampoco a quién culpar, son solo consecuencias de la forma de vida.

La ciudad fue destruida, el enemigo no recibió ninguna batalla, no fue difícil para él apoderarse de la ciudad y destruir todo lo que había en ella.

Todo lo que uno cree que ha conseguido, el pecado se encarga de destruirlo.

A veces una mala decisión, una decisión basada en instintos, te hace perder tu trabajo, en el que ya tenías años, en el que ya tenías algo seguro.

Peor, el pecado te puede destruir la familia, la relación que te costó tanto tiempo, tanto esfuerzo, y en un momento, todo es sólo recuerdos.

Una decisión basada en instintos te puede destruir, hacerte terminar encerrado, la libertad que creías tener desaparece.

Una decisión basada en instintos puede cambiar tu vida, ese momento de placer que pretendías, termina con un hijo que, tal vez no estaba en tus planes, y los planes que sí tenías, tienen que ser modificados.

Todo por no haber querido un compromiso, todo por no haberle dado el lugar a un rey que gobierne la tierra, que gobierne el corazón.

Y lo que me llama mucho la atención, es que a esta ciudad, después de destruirla, le cambiaron el nombre. Ahora se llamaba Dan.

Lo que la hacía única, lo que la identificaba, su identidad fue cambiada, ya no era la misma.

Eso todos lo hemos visto, si no en nuestra vida, en la vida de alguien que conozcamos.

Las decisiones que uno toma nos cambian la identidad, nos convierten en otra persona; cambia nuestro aspecto, nuestra forma de hablar, nuestra actitud.

Y lo hemos dicho de alguien alguna vez:

"No es el mismo." "Tú no eres así."

Como mencioné antes, la bacteria que provoca la lepra carece de un núcleo.

En una célula, el núcleo contiene ADN, el código genético, las características únicas que te van a identificar como TU.

Si estas células son reemplazadas por bacteria, la identidad va a cambiar, los tejidos se van a desfigurar, van a tomar su propio camino, y vas a ser identificado por lo que haces, vas a ser etiquetado por tus acciones. Tu nombre será reemplazado por un apodo.

Y tus acciones te seguirán todo el tiempo.

Necesitamos dejar de ser indiferentes, de ser fríos; cómo lo mencioné antes, la bacteria de la lepra va a buscar dentro del huésped los lugares fríos.

No podemos estar en el medio, necesitamos tomar una decisión, y hacer algo con nuestra vida, proclamar un rey.

Es importante saber que si creemos que podemos vivir una vida en la que podamos hacer lo que queremos, que no necesitamos tomar el control de la tierra, el control de la mente, del corazón, del cuerpo; llega el momento en el que tenemos que enfrentarnos a las consecuencias del pecado.

Y si no tenemos cobertura, si no tenemos compromiso con Dios, si no lo hemos invitado a ser el rey en nuestra ciudad, en nuestro ser.
¿Quién nos va a defender?
¿Quién nos va a ayudar en ese momento?
Y cuando estemos enfrentando las consecuencias...

¿A quién vamos a culpar?

Capítulo 5
¿Qué te hace una víctima?

Cuando alguno es tentado, no diga que es tentado de parte de Dios; porque Dios no puede ser tentado por el mal, ni él tienta a nadie;

Santiago 1:13

Se dice que existen dos situaciones que nos convierten en una víctima de la mycobacterium leprae, La bacteria que produce la lepra.

La mala alimentación.

Cuando no nos alimentamos como deberíamos o cuando no obtenemos los nutrientes que nos ayudan a producir defensas contra el ataque de esta bacteria estamos en riesgo de convertirnos en huéspedes.

Hemos estado comparando la lepra con el pecado para entenderlo mejor y saber cómo defender nuestra integridad; lo mismo sucede en el ámbito espiritual, cuando no nos estamos alimentando cómo debemos, cuándo estamos pasando hambre, es más fácil que caigamos en una tentación.

El pecado tiene una fuente, un inicio, la tentación. La palabra tentación significa intentar. Tratar de hacer algo. Ponernos a prueba nosotros mismos.

Se define como un estímulo que induce a una cosa; un impulso repentino que excita a hacer una cosa.

Se define como un instinto que no se puede controlar. Inevitable.

Como un deseo de nosotros mismos que nos pone a prueba para hacer algo, o intentar hacer algo.

Querer mirar algo que nuestra mente nos dice que no deberíamos. Escuchar algo que, de antemano sabemos que nos afectará.

Ese deseo que tenemos de hacer o intentar algo, debe unirse a la acción de cualquiera de nuestros instintos, una vez que ellos se unen, es como un embarazo, después de que se actúa, nace el pecado. Y lejos de traer vida, trae muerte. Separación.

Hablemos de instintos, éstos son comportamientos que traemos integrados en "nuestro programa" y nos dan la habilidad de hacerle frente a la vida, estos instintos o necesidades nos dicen cuándo debemos alimentar cierta área de nuestra vida.

Estos son algunos ejemplos:

El instinto del hambre nos hace saber cuándo necesitamos ingerir alimentos para recargar fuerza y obtener nutrientes que nuestro cuerpo ocupa en ese momento.

El instinto sexual nos hace saber que necesitamos ejercer el acto para procrear o para relajar la ansiedad o el hambre en esa área.

El temor nos ayuda a encontrar nuestras limitaciones o razonar en el peligro que nos traerá cierta actividad.

El instinto de la agresividad nos hace defendernos de algún ataque que pudiera poner en riesgo nuestra vida o la de un ser querido.

Estos instintos se dan a conocer a través de cierta ansiedad, es fácil darnos cuenta cuándo necesitamos saciar uno de ellos, a esta ansiedad o excitación yo la llamo hambre.

Hambre de comida, hambre de relaciones sexuales, hambre de seguridad, hambre de estima o aceptación, hambre de imponerme.

Esta hambre debe ser saciada o de otra manera nuestra carne o inconsciente va a tratar de alimentar ese instinto a como dé lugar, hambre.

Yo no podría explicar esto mejor que el que creó estos instintos, Dios.

Y para saber su punto de vista, vamos a una parte de la historia de David en la que Dios mismo lo confronta con esta situación y le hizo saber su punto de vista.

El caminante.
Jehová envió a Natán a David; y viniendo a él, le dijo: Había dos hombres en una ciudad, el uno rico, y el otro pobre.
El rico tenía numerosas ovejas y vacas; pero el pobre no tenía más que una sola corderita, que él había comprado y criado, y que había crecido con él y sus hijos juntamente, comiendo de su bocado y bebiendo de su vaso, y durmiendo en su seno, y la tenía como una hija.
Y vino uno de camino al hombre rico; y este no quiso tomar de sus ovejas y de sus vacas, para guisar para el caminante que había venido a él, sino que tomó la oveja de aquel hombre pobre, y la preparó para aquel que había venido a él.

2 Samuel 12:1-4

Esta es una lección directa de Dios, explicando cómo funcionan la tentación y los instintos.

Cuando un instinto necesita ser saciado, va a buscar la forma de hacerlo, te va a incomodar para llamar tu atención. Creo que te ha pasado que cuando sientes que tu seguridad peligra o tu posición en un lugar, comienzas a reaccionar de una forma agresiva, incluso con personas que no te dan motivo para que las trates así.

O cuando tienes tiempo sin tener relaciones sexuales, batallas con tus pensamientos o ideas en tu cabeza. Este instinto que no has saciado, es el caminante que llega a pedir comida.

Te dice: ¡tengo hambre, sáciame! Y lo primero que hace uno es tratar de saciarlo de la manera incorrecta. Como en la parábola que acabamos de leer, el hombre rico, a quien se le presentó el caminante, tomó de donde no debía para saciar al viajero.

Actuar agresivos, actuar temerosos, mirar lo que no debemos, explotar al cuerpo cuando te está pidiendo descanso, imaginar escenas o historias para satisfacer el hambre, comer de más o castigar a tu cuerpo no comiendo. Son acciones que utilizamos para satisfacer los instintos en esos momentos de ansiedad. Ese es exactamente el fin de los instintos, provocar ansiedad o excitación para llamar tu atención hasta que lo sacies y vuelva tu cuerpo a un estado de reposo.

Pero cuando lo alimentamos de la manera incorrecta, y no entendemos cómo funcionan o cómo los saciamos de manera correcta, estas actitudes se convierten en hábitos.

Un detalle curioso de la parábola es que en otras versiones de la biblia, primero lo menciona como un caminante que llega de paso, y después que el hombre rico lo alimenta, al final del verso cuatro lo menciona como un huésped. ¡Gran diferencia!

Es la misma historia con la bacteria que anda viajando por el aire buscando huéspedes, pero si estás bien alimentado y tus defensas fuertes, NO te convertirás en un huésped. NO serás víctima de la lepra.

Debemos conocernos muy bien, cuando nos damos cuenta que estamos actuando agresivamente, es porque nuestro instinto que busca la seguridad tiene hambre.

Si comenzamos a criticar a los demás o a envidiarles, nuestro instinto de auto estima tiene hambre, aliméntalo.

Si te das cuenta que andas mirando lo que no debes o haciendo historias en tu cabeza, tu instinto sexual tiene hambre.

Si vives con temor, tu instinto que busca el desarrollo personal tiene hambre.

No podemos andar por la vida saciando a cualquier caminante que va de paso.

Tampoco podemos sentirnos culpables de los pensamientos que llegan a nuestra cabeza.

Hay lugares donde te enseñan que al momento que estos pensamientos llegan a tu cabeza ya caíste en pecado.

Cuando algo así llega a tu mente es porque el instinto relacionado a ese pensamiento tiene hambre; es sólo un viajero pidiéndote alimento.

Pero en cuanto reconozcas de dónde viene, sabrás sacarlo de tu cabeza y saciar ese instinto de la forma correcta.

Entonces el deseo, después que ha concebido, da a luz el pecado; y el pecado, siendo consumado, da a luz la muerte.
Santiago 1:15

La tentación es sólo eso, hambre. Son necesidades del cuerpo expresadas en deseos.

La tentación no es la raíz del problema, la raíz es la mala alimentación porque esta atrae o desea cosas que la sacien. Y este deseo, una vez que es alimentado, trae el pecado, te convierte en huésped de la bacteria que produce la lepra.

Esta parábola fue palabra para David, y una vez que entendió de qué se trataba se molestó, se enojó tanto, que se juzgó él mismo.

Entender esto es para molestarse, pero también para tomarse el tiempo de conocernos y saber cómo reaccionar la próxima vez que estemos en una situación similar.

Es fácil:

En la parábola, si el hombre rico hubiera alimentado al caminante de sus muchas ovejas, no hubiera afectado a nadie.

Cuando el caminante tiene hambre de autoestima, ve por un logro que siempre has deseado, en lugar de hacer menos a alguien para alimentar tu ego.

Cuando tu instinto sexual tiene hambre, aliméntalo con lo que tú tienes, en lugar de andar buscando fuera.

Cuando tu instinto de superación tiene hambre, en lugar de criticar la vida de los demás, mejora en las áreas que necesitas.

Falta de higiene.

La segunda situación que nos hace víctimas de la bacteria es la falta de higiene.

¿Te preguntaste por qué Dios le mandó éste mensaje a David a través de Natán?

Vamos un capítulo antes para hacer un recuento de la situación. (2 Samuel 11:1-4)

Hubo una ocasión en que el rey David, cuando era tiempo de ir a la guerra, mandó a su ejército, "mandó a todo Israel", pero él se quedó en casa, se quedó prácticamente solo, no fue a la guerra.

David se quedó solo en su palacio. La soledad es una de las situaciones perfectas para que uno sea tentado, pues uno cree que nadie lo está mirando, cualquier cosa que pase en la soledad, quedará ahí, entre uno y uno mismo.

Nadie más se va a enterar. Nadie tiene que saber.
David mandó a todo su ejército a derrotar al enemigo.
Pero él no sabía que un enemigo peor se había quedado en casa con él.
Sus instintos. Su carne. Sus deseos.

Y sucedió que un día, al caer la tarde, que se levantó David de su cama y se paseaba sobre el terrado de la casa real; y vio desde el terrado a una mujer que se estaba bañando, la cual era muy hermosa.
Envió David a preguntar por aquella mujer, y le dijeron: Aquella es Betsabé hija de Eliam, mujer de Urías heteo.
Y envió David mensajeros, y la tomó; y vino a él, y él durmió con ella. Luego ella se purificó de su inmundicia, y se volvió a su casa.

2 Samuel 11:2-4

Primero, la soledad, si estás sólo, pero tienes cosas en que estar ocupado, puedes mantener tu mente distraída.

Mientras tengas algo que hacer, puedes mantenerte concentrado en algo, así que no habrá espacio para que pienses, o sientas deseo por algo que te afecte.

David, en cambio, dice el pasaje que "en la tarde se levantó de su cama."

¿Qué estaba haciendo acostado tan tarde? ¿No tenía nada que hacer?

Igual que David, nosotros nos preocupamos más por las acciones más grandes, por lo que se va a dar a notar rápido, por lo que los demás van a darse cuenta en cualquier momento, por lo que no podemos esconder.

David mandó destruir a su enemigo que no había podido derrotar un año antes. Eso era mala reputación para él, tenía que borrar esa vergüenza.

Pero no le puso atención al enemigo que podía esconder, que podía encubrir.

Segundo, el ocio, se dice que el ocio es la raíz del pecado, el ocio te da mucho en que pensar, mantiene tu mente desocupada, y es fácil que entre cualquier pensamiento, cualquier deseo, y es ahí donde comienza la tentación, donde comienza el hambre.

El problema ahora es, ¿qué comemos?

¿Te ha pasado que no sientes hambre, pero de repente hueles alguna comida que te gusta mucho y al olerla despierta algo en ti? Se le llama antojo.

Lo que metemos en nuestra mente es lo que vamos a estar buscando, o vamos a tener la tendencia a necesitar eso.

Si miramos demasiadas películas de terror, nuestra mente va a estar viendo fantasmas cada vez que apaguemos las luces.

Si miramos demasiadas telenovelas, nuestra mente va a estar buscando la oportunidad de hacer un drama de cualquier situación.

Si miramos demasiada violencia, de repente nos vamos a dar cuenta que estamos molestos o enojados sin ningún motivo.

Si miramos programación erótica, bueno, tus ojos y mente van a cobrar vida y te vas a ver fantaseando en todo momento.

Tercero, divagar, David estaba acostado en su cama en la tarde, de repente se levanta, y comienza a caminar en el terrado de su casa, lo primero que le llama la atención es una mujer bañándose. Antojos son cuando tu mente te da lo que tanto deseas ver o pensar.

Uno mira cosas que le llaman la atención; una vez que lo miramos, tenemos dos opciones: O miras para otro lado para evitar ser enganchado por eso y evitar llevar imágenes a tu mente. O miras para otro lado, solo para asegurarte que nadie te está mirando y "dar otro vistazo."

Esas eran las dos opciones de David, él fue por la segunda, la más fácil, la que no requiere esfuerzo. Le gustó lo que estaba mirando.

Cuarto, desearlo, una vez que miraste algo y te gustó, lo deseas. Esa imagen ya quedó impregnada en la mente, ya es parte de los pensamientos, ya es difícil sacarla de ahí hasta que se consiga lo que se quiere. Todo por una "segunda mirada".

David comenzó a preguntar quién era ella. Después de que vimos algo y nos gustó, queremos más información; en este caso, no de lo que estamos mirando, sino que comenzamos a cuestionarnos nosotros mismos: ¿en qué me puede afectar? si nadie me ve, no pasa nada. Tratamos de convencernos nosotros mismos de que no estamos haciendo nada malo, de que solo será una vez.

A David se le informó que estaba casada, que no podía ir ahí, que no le pertenecía.

El encontró la forma de convencerse él mismo de que no era tan grave lo que hacía.

Si logramos convencernos nosotros mismos de que está bien lo que hacemos, bueno, es ahí donde se concibe el pecado.

Quinto, tomarlo, ya la tentación se convierte en acción, y da a luz el pecado.

La mayoría de las veces queremos jugar a la víctima de la tentación, creyendo que fuimos atacados por una fuerza sobrenatural que nos hizo una mala jugada. Que nos tomó desprevenidos. La realidad es que nosotros mismos provocamos esas situaciones, le decimos a nuestra carne que es lo que más nos gusta, y esta nos estará dando los antojos cada que se preste la oportunidad.

El secreto está en lo que estamos comiendo, qué tan saludable es. Cómo está nuestra higiene, cómo cuidamos nuestro ser para mantenerlo limpio.

Falta de higiene es lo que nos hace propensos a convertirnos en víctimas de… NO, ya no somos víctimas una vez que sabemos que hacer, la palabra es huésped, alguien a quien tú invitas, a quien le abres la puerta, huéspedes de la bacteria.

Sobre toda cosa guardada, guarda tu corazón; porque de él mana la vida.
Proverbios 4:23

Capítulo 6
¿Cómo se abre la puerta?

Amados, yo os ruego como a extranjeros y peregrinos, que os abstengáis de los deseos carnales que batallan contra el alma.

1 Pedro 2:11

El cuerpo humano consta de una infinidad de métodos de defensa. En la sangre, los glóbulos blancos se dedican a detectar a cualquier "intruso" que se haya infiltrado en el cuerpo y lo atacan para deshacerse de él.

Si respiramos algo que no pertenezca al cuerpo, este va a provocar un estornudo para sacarlo.

Si absorbemos alguna partícula extraña, el cuerpo va a provocar tos para deshacerse del intruso.

Estas son solo unas de las tantas formas de defensa del cuerpo; pero tenemos la primera línea de defensa entre el entorno y nuestra carne, esta es LA PIEL.

Curioso que existen dos formas en que la mycobacterium leprae, la causante de la lepra, puede entrar al cuerpo, y una de ellas es...

Heridas en la piel.

La piel, como el órgano que nos protege contra el medio ambiente, está diseñada para no permitir que algo que no es compatible con el organismo se infiltre. ¿Pero qué pasa cuando sufrimos una herida en la piel, un rasguño, una cortada, y esta se abre?

La carne queda al descubierto.

Hemos estado tratando el pecado y su semejanza a la lepra.

Haciendo una comparación para poder entender mejor contra qué es lo que estamos peleando cada día.

Pero, ¿existe alguna definición de pecado? ¿Existe alguna definición de lepra?

- Definición de Pecado:

Y yo se que en mí, esto es, EN MI CARNE, no mora el bien; porque el querer el bien está en mí, pero no el hacerlo.
Así que, queriendo yo hacer el bien, hallo esta ley: que el mal está en mí.
Porque según el hombre interior, me deleito en la ley de Dios;
Pero veo otra ley EN MIS MIEMBROS, que se rebela contra la ley de mi mente, y que me lleva cautivo a la ley del pecado que está EN MIS MIEMBROS.

(Romanos 7:18, 21-23)

El apóstol Pablo, habla de un doble "yo" que se debate en el interior; el yo que vive en la carne, y el nuevo yo, el hombre interior.

Habla de una ley que hay en el cuerpo, en los miembros; que siempre nos va a guiar a hacer el mal; a hacer lo que no queremos.

Una ley natural que hace que seamos impulsados; haciéndonos cautivos por el deseo del cuerpo o la carne.

Así que, nuestra mente sirve a Dios, por gusto.

Pero con el cuerpo, servimos a la ley del pecado.

- Definición de Lepra:

Más el día que apareciere en él la CARNE VIVA, será inmundo.
Y el sacerdote mirará la CARNE VIVA, y lo declarará inmundo.
Es inmunda LA CARNE VIVA; ES LEPRA.

(Levíticos 13:14-15)

¿No es curiosa la semejanza de las definiciones?

El pecado sale a la luz, cuando dejamos que nuestra carne cobre vida y tome el control del ser, y sea guiada por sus deseos, por el hambre, por sus instintos.

La lepra sale a la luz, cuando la carne está viva. Cuando está al descubierto.

Y eso es exactamente el pecado: ¡LA CARNE VIVA!

(Cuando uso el término carne, hago referencia a los instintos del cuerpo.)

Tenemos fuera del cuerpo a la bacteria, lista para cuando se le dé la oportunidad de entrar al organismo y contaminarlo, distorsionarlo.

Tenemos la primera línea de defensa que es la piel, diseñada para aislar todo lo que no pertenezca al cuerpo y mantenerlo fuera.

Por si fuera poco, tenemos dentro del cuerpo organismos que se encargan de escanear el sistema para detectar intrusos y deshacerse de ellos.

¿Qué pasa cuando la línea de defensa es dañada y se abre una puerta para la bacteria y esta entra al cuerpo?

Físicamente sabemos lo que ocurre; pero si miramos esta escena con un microscopio espiritual, sería algo así...

Existe un conflicto dentro de nosotros cada vez que nos sentimos tentados a hacer algo que está en contra de nuestra moral o ética. Por un lado tenemos nuestros instintos, que tienen hambre, que quieren ser saciados sin importar las consecuencias; que quieren eliminar esa ansiedad sin ver a quién van a afectar. Esa es la bacteria.

Por otro lado, tenemos el sistema de defensa, el encargado de eliminar esa ansiedad sin afectar a nadie, el que está diseñado para controlar esos impulsos y saciarlos de una forma correcta, basado en moral, ética. Este es el espíritu. El sistema inmunológico.

(Más adelante nos vamos a extender más en el tema del espíritu).

Estos dos siempre van a estar en conflicto, pues tienen muy diferentes intereses.

La primera línea de defensa del espíritu es la mente. La razón. Esta es la piel.

Cuando estamos en una situación que va a crear conflicto, los instintos tratan de convencer a la mente de que no nos va a afectar en nada lo que estamos haciendo. El espíritu, por otro lado, va a enviar a un visitante a la mente llamado conciencia. La conciencia te va a estar molestando, tratando de convencerte de que lo que estás haciendo si va a traer consecuencias; es ahí donde la mente tiene que decidir a quién va a obedecer.

¿Recuerdas la historia de David en el capítulo anterior? Cuando tomó a Betsabé por mujer, hubo algo o alguien que no lo dejaba estar en paz, cada que pensaba en él, recordaba que lo que había hecho estaba mal: Urías heteo.

...Y dijo David a Urías: ¿No has venido de camino? ¿Por qué, pues, no descendiste a tu casa?

(1 Samuel 11:10)

¿Ves la diferencia? En el capítulo anterior, vino un caminante que estaba hambriento, los instintos. David como todo un filántropo (alguien que se preocupa por el bien de los demás, sin ver su propio interés), lo alimentó y lo hizo su huésped.

Ahora, después de cometer el error, recibe otro caminante, pero a este le dice que se vaya a su casa a comer. No le gustaba lo que le hacía sentir, era una tortura, la conciencia.

¿Qué hacemos nosotros cuando nos visita la conciencia? ¿La alimentamos o la mandamos a su casa? ¿O hacemos lo que hizo David cuando supo que no se podía deshacer de él?

Y David lo convidó a comer y a BEBER con él, hasta EMBRIAGARLO...

(2 Samuel 11:13)

Lo quiso embriagar para convencerlo que fuera a su casa y se acostara con Betsabé.

Lo mismo que hizo David.

Pasa que la mayoría de las veces que nos visita la conciencia, tratamos de racionalizar lo que hemos hecho.

Queremos tomar algo que no nos pertenece, y la conciencia nos dice que no deberíamos, pero tratamos de embriagar a la conciencia haciéndole saber que nosotros necesitamos ese artículo más que el dueño porque él tiene más aparte de ese: ¡él no lo necesita!

Guardamos rencor a alguien, viene la conciencia y nos hace saber que está mal vivir así, pero queremos embriagar a la conciencia haciéndole saber que ésta persona es un peligro para tenerla cerca. Nosotros no somos el problema, ¡solo nos estamos protegiendo!

Racionalizar nuestras acciones es un peligro, es una herida en nuestra primera línea de defensa. Una apertura en la piel es una puerta abierta para la bacteria.

Necesitamos nuestra mente de nuestro lado en esta batalla contra la carne.

Membranas mucosas defectuosas.

Otra de las puertas abiertas para la bacteria son las membranas mucosas. Comenzando por la nariz y la boca. Estamos protegidos por una capa mucosa que mantiene la humedad en varias partes del cuerpo; su función es filtrar lo que entra en uno. Las membranas mucosas tienen la misma función que la piel, solo que protegen la parte interior del cuerpo.

Cuando respiramos o absorbemos partículas de polvo, las membranas mucosas detienen a estas para que no contaminen el interior.

El problema es cuando las membranas mucosas no funcionan como deberían, no hay filtros que detengan lo que entra en nosotros.

Preguntas, ¿Cómo filtras lo que respiras? ¿Cómo defines lo que te sirve y lo te afecta?

¿Cómo filtras tus pensamientos? ¿Esperas a que se conviertan en sentimientos?

¿O te conoces tan bien que sabes cómo vas a reaccionar?

Vamos a dejar descansar un poco a David, ya nos dio varias lecciones por hoy. Vamos con Saulo de Tarso para que nos enseñe cómo filtrar lo que respiramos...

Saulo, respirando aún amenazas y muerte contra los discípulos del Señor, vino al sumo sacerdote,

Hechos 9:1

Existe algo que yo defino como el acuerdo. Funciona así: ¿Lo que me estás diciendo es para mi edificación o para molestarme?

Los seres humanos tendemos a proyectar lo que sentimos o lo que nos afecta hacia los demás. Si siento que estoy batallando con inseguridad, busco a alguien a quién darle mi costal para que lo cargue por mí. Voy a hacer pensar a esta persona que es alguien inseguro, voy a tomar mis pensamientos y hacer que se adueñe de ellos. Si no me siento cómodo en un aspecto de mi vida voy a buscar a alguien que cargue con esa ansiedad.

Lo único que esta persona tiene que hacer es respirar lo que yo diga.

Pero para no respirar los problemas de otros, tengo que conocerme a mí mismo. Tengo que saber lo que me afecta o lo que necesito escuchar en realidad.

Cuando Saulo de Tarso exhalaba sus maldiciones y muerte, y había alguien que las respirara, había resultados. Cuando él comenzó a amenazar a los primeros cristianos, estos salieron de Jerusalén a otras ciudades porque lo que él exhalaba les causó temor.

¿Qué pasa cuando no hay nadie que respire mis problemas? Tengo que lidiar con ellos.

Cuando él va de camino a Damasco, no hay nadie que respire lo que él dice, lo más cercano a su boca es su propia nariz. Y el respirar amenazas y muerte solo va a provocar en uno, enojo, ira.

¿Te ha pasado que estás estancado en el tráfico y comienzas a hablar lo que piensas del tráfico y de los conductores que te están bloqueando? Si ellos no te escuchan, ¿quién crees que está respirando toda esa basura?

Debemos tener mucho cuidado con lo que aceptamos de los demás, cuando respiramos palabras que vienen con el propósito de lastimar, de herir, es exactamente lo que van a hacer, abrir heridas que ya estaban cicatrizadas. Que ya habíamos olvidado, y esto va a provocar rencor, resentimiento, ansiedad.

Yo he entendido y lo tomo esto muy serio, si lo que me estás diciendo solo es para proyectar tus problemas y querer que cargue ese costal, no lo voy a respirar.

Debemos aprender a filtrar lo que respiramos, porque una de esas partículas puede ser bacteria que se convierta en lepra más adelante.

En el capítulo 7 del libro de Hechos, vemos la historia de un joven llamado Esteban; él estaba predicando a la gente, pero a ellos no les gustó lo que estaban respirando.

Oyendo estas cosas, se enfurecían en sus corazones, y crujían los dientes contra él.

Pero Esteban, lleno del Espíritu Santo, puestos los ojos en el cielo, vio la gloria de Dios, y a Jesús que estaba a la diestra de Dios,
Hechos 7:54

La gente estaba enfurecida, y le estaban demostrando a Esteban de alguna manera que estaban molestos con él, PERO él estaba centrado en otro hecho, no estaba respirando lo que ellos le daban. Él estaba concentrado en Dios, sus ojos estaban puestos en el cielo.

Él sabía quién era, sabía lo que necesitaba escuchar, lo que necesitaba mirar, es difícil a veces poder bloquear esos comentarios, pero es posible.

Y si nos vamos al otro extremo, cuando tengas algo que decir de alguien más, procura hacerlo de una forma que vaya a edificar, a ayudar. Y más importante, procura hacerlo cuando alguien más esté escuchando, (de preferencia, la persona involucrada), porque lo más cercano a nuestra boca, es nuestra propia nariz.

Una de las leyes que se les daba a las personas que padecían de la lepra era que no te podían hablar de frente. Algo de lo que deberían estar conscientes era de la dirección del viento; debían caminar y hablar de modo que el aire no llevara su maldición a las demás personas para contaminarlas. Si ellos iban de camino, y el aire cambiaba de dirección, ellos tenían que moverse de modo que el aire que los tocaba a ellos no fuera después hacia alguien más. Estar cambiando de dirección o posición para no incomodar a los demás. ¿Te imaginas que vida tan incómoda? Darte cuenta que vas caminando por un lugar y tu forma de vestir y tu apariencia da a conocer tu condición y la gente que está alrededor te mira de una forma despectiva y todavía tienes que preocuparte de no incomodarlos con el hecho de que el aire que te toca no los toque a ellos.

Y si alguna vez te distraías y no cuidabas eso, la gente te lo haría saber. Ya sea huyendo de la dirección del aire o insultándote por descuidado.

Tomando en cuenta que estamos comparando el pecado con la lepra, creo que es una "ley" que debería seguir vigente. Si sabes que estás contaminado por la lepra deberías cuidar lo que hablas y como lo dices.

Jesús dijo: ¿Cómo pueden hablar lo bueno, siendo malos? De lo que abunda el corazón habla la boca.

(Mateo 12:34)

Es una realidad que cuando nuestro corazón está amargado, sucio, frío, eso es exactamente lo que vamos a hablar. Nuestras palabras van a describir nuestro corazón, lo van a exhibir.

¿Recuerdas al principio del capítulo, vimos que una de las formas en que la bacteria entra al sistema de uno para contaminar es a través de la nariz, de lo que respiramos?

Si nuestras membranas mucosas no están sanas, lo que respiremos se puede convertir en lepra. Hemos llegado hasta donde estamos, y desgraciadamente hemos respirado de alguna forma u otra lo que no bebíamos, y hemos sido contaminados. Hemos sido contagiados.

La ley ahora es cuidar lo que hay dentro de nosotros para que no se propague, ponernos un bozal.

Mucho cuidado con lo que respiras de los demás. No dejes que proyecten sus problemas para que tú los cargues.

Mucho cuidado con lo que respiras de ti mismo. Pon atención a la forma en la que hablas, estas mismas palabras pudieran estar exhibiendo la condición del corazón.

Capítulo 7
Sistema inmunológico

Porque no dejarás mi alma en el seol, ni permitirás que tu santo vea corrupción.

Salmos 49:9

¿Qué haríamos sin la bacteria? Una de las funciones de esta en el ecosistema, es descomponer entre otras cosas, los alimentos que se quedan a temperatura ambiente.

Por ejemplo, la carne, una vez que es tocada por la bacteria, comienza a descomponerse.

La leche, los vegetales, etc.

La bacteria también se encarga de descomponer los cuerpos de los seres que fallecen.

Si no hubiera bacteria, el piso donde caminamos estaría repleto de cuerpos sin descomponerse, cadáveres.

La bacteria sólo puede descomponer un cuerpo que está muerto, que no tiene vida.

Entonces Jehová Dios formó al hombre del polvo de la tierra, y sopló en su nariz aliento de vida, y fue el hombre un ser viviente.

Génesis 2:7

Lo que nos da vida es ese soplo de Dios en nosotros, esa parte de él que impartió en nosotros, lo que conocemos como espíritu.

En este se encuentra la moral, la ética, la religión, la búsqueda de Dios.

Ese soplo en un cuerpo inanimado le da vida.

Ese espíritu es nuestro sistema inmunológico.

Para poder entender cómo funciona nuestro ser, tendríamos que hacer una comparación. Imaginemos que nuestro ser es una aldea donde habita una familia de tres miembros: cuerpo, alma y espíritu.

El alma, es nuestra mente, nuestros pensamientos, nuestras emociones, cómo actuamos, lo que mostramos, nuestra personalidad.

Una mezcla de temperamento (colérico, melancólico, flemático o sanguíneo) con experiencias y como seamos afectados por el ambiente (sociedad).

Esto nos da la personalidad.

El espíritu, este lleva los aspectos morales y éticos de la persona, la búsqueda de Dios, meditación, religión, integridad, el carácter.

El espíritu es el que se dedica a la búsqueda de lo eterno, la búsqueda de algo o alguien más grande, la búsqueda de Dios.

Nos comunicamos con Dios a través del espíritu.

El cuerpo, este es la funda en la que vivimos, y por la que el alma interactúa con el mundo a través de los cinco sentidos, es lo que nos mantiene limitados al tiempo, a la muerte, envejece, se enferma, etc.

Y eso no afecta al alma o al espíritu, puesto que no están limitados por el tiempo, u otro de los factores que ya se mencionaron.

El alma y el espíritu siguen igual, pero serian como un buen músico, una persona que podría hacer hablar a una guitarra, pero si la guitarra no tiene cuerdas… no hay mucho que hacer; hay talento, pero no hay forma de demostrarlo.

Pero recibir un cuerpo para estar en este mundo viene con instintos, las necesidades del cuerpo que debemos satisfacer para mantenerlo fuera de ansiedad.

Mientras el espíritu esté fuerte, y esté alineado con el Espíritu de Dios, el ser debe funcionar como se planeó desde el principio, pero si el espíritu no está alineado, el carácter no es íntegro como el de Dios, sino que está afectado por el pecado o la lepra…

El ser es como una aldea, cuerpo, alma y espíritu viven ahí; pero el espíritu debería ser el líder de esa aldea, así fue diseñado desde el principio.

Vamos a la historia de Lázaro en Juan capítulo 11 para entenderlo mejor.

- Lázaro, él era el amigo de Jesús, el que tenía comunión con él, el que tenía una amistad con Jesús, este representa el espíritu. El que busca lo eterno, el que busca a Dios. El que entabla una amistad, y se identifica con Dios.

Dicho esto, les dijo después: NUESTRO AMIGO LÁZARO duerme; mas voy a despertarlo.

(Juan 11:11)

Jesús llamándole "amigo".

- María, hermana de Lázaro, sirve en veces al cuerpo, y en veces al espíritu, a veces al pecado, y otras veces a Jesús, este es el alma.

    Como mencionamos antes, el alma es la que está en el medio de la batalla entre la carne y el espíritu, depende de cómo la entrenamos para que elija un lado al que ayudar.

María, cuyo hermano Lázaro estaba enfermo, fue la que ungió al señor con perfume, y le enjugó los pies con su cabello.

Juan 11:2

Esta historia podemos encontrarla en el libro de Lucas 7:37-50.

En esta historia se menciona como una mujer pecadora… y por la forma en que la gente que estaba en ese cuarto la miraba, cuando ella derramó el perfume sobre Jesús, dice mucho de la clase de actividades que la convertían en pecadora.

Y aquí está María:
Sirviendo al pecado, pero también a los pies de Jesús.

El alma se puede aliar al espíritu, y fortalecerlo, y lograr lo que dijo Jesús:

Amarás al señor tu Dios, con todo tu corazón, y con TODA TU ALMA, y con TODA TU MENTE.

(Mateo 22:37)

O se puede alinear al cuerpo, a la carne y fortalecerlo, y lograr lo que dijo el apóstol Pablo:

Todas las cosas son puras para los puros, mas para los corrompidos e incrédulos nada les es puro; pues hasta su mente y su conciencia están corrompidas.

Tito 1:15

Nuestra mente se enlaza con Dios, unida al espíritu; y pueden unirse y concentrarse en un solo propósito, servir a Dios, y ofrecer una adoración genuina.

Nuestra alma se enlaza con el mundo material, unida al cuerpo; nuestra alma se comunica con lo material usando los sentidos: oído, olfato, vista, tacto, gusto.

- Marta, ella representa al cuerpo, la que se afana por lo que se ve, se preocupa por las apariencias.

Aconteció que yendo de camino, entró en una ALDEA; y una mujer llamada Marta le recibió en su casa.
Esta tenía una hermana que se llamaba María, la cual, sentándose a los pies de Jesús, oía su palabra.
PERO Marta se preocupaba con muchos quehaceres, y acercándose, dijo: Señor, ¿no te da cuidado que mi hermana me deje servir sola? Dile, pues, que me ayude.
Respondiendo Jesús, le dijo: Marta, Marta, afanada y turbada estás con muchas cosas.

(Lucas 10:38-41)

El cuerpo o la carne es celosa, le gusta hacer lo que quiera, pero siempre quiere llevar cautiva nuestra mente para satisfacer sus deseos.

Como en el pasaje anterior, Marta está afanada por lo que se ve, por las apariencias, por lo material; pero quiere que María deje de "estar perdiendo el tiempo" a los pies de Jesús.

El alma quiere escuchar de Dios, quiere cambiar, pero el cuerpo quiere tenerla esclavizada "en muchos quehaceres." "En muchas preocupaciones."

Y aquí están los tres: Lázaro (espíritu), María (alma) y Marta (cuerpo).

En una sola aldea.

Viviendo juntos.

Compartiendo el espacio.

Pero, ¿qué pasa cuando el espíritu se enferma?

Cuando no está tomando el control del ser:

Estaba entonces ENFERMO uno llamado LÁZARO, de Betania, LA ALDEA DE MARÍA Y DE MARTA su hermana.

(Juan 11:1)

Lázaro, como el hermano, el hombre de la casa, el que proveía, debía ser mencionado.

Pero como estaba enfermo, las hermanas tomaron posesión de la aldea.

Se dice que era "la aldea de María y Marta."

Eso pasa cuando el espíritu, el carácter de uno es manchado por el pecado. La integridad, la imagen de Dios en nosotros es distorsionada, y la mente y el cuerpo tienen el control, sobresalen, se dan a notar; y el carácter es escondido por las acciones o las actitudes que uno toma.

La moral, queda oculta detrás de lo que uno "cree" que está bien.

Detrás de lo que uno "piensa" que no le afecta.

Y la conciencia quiere ser apagada, para no estar escuchando esa voz, susurrándonos lo que es incorrecto.

De hecho, cuando Jesús fue a ver a Lázaro, le dijeron que ya tenía cuatro días muerto.

El cuerpo, después de tres a cinco días de muerto, comienza a descomponerse. La bacteria comienza a hacer su trabajo en los órganos internos. Una vez que el espíritu abandona al cuerpo, éste comienza a descomponerse; lo que nos hace saber que nuestro sistema inmunológico es nuestro espíritu.

Mientras lo mantengamos sano, con vida, despierto, la bacteria no va a poder descomponernos.

Porque el espíritu es el que nos va a mantener conectados con Dios, nos va a tener en comunión, en desarrollo, en crecimiento.

Si hemos estado batallando con la carne corrompida, con la bacteria descomponiendo nuestra carne, es porque no alimentamos al espíritu, es porque no le damos la importancia que deberíamos y por ende, este se va a enfermar, se va a debilitar y es ahí cuando las hermanas alma y carne (instintos del cuerpo) se unen para tomar el control de la aldea, para adueñarse de ella y hacer lo que les plazca.

Cuando Jesús habló con Marta, ella lo trató de convencer de que Lázaro resucitaría en los días últimos, no ese día. Para la carne, si el espíritu no existe, mucho mejor.

Como es el único que se opone a ella, si este desaparece, la carne está en control.

Para la carne es muy fácil hacer que el alma se le una, solamente tiene que activar los instintos, provocar hambre en un área de la vida, y esa misma hambre va a mantener a la mente ocupada en otra cosa, sin poder concentrarse, atacada a través de ansiedad provocada por necesidades del cuerpo.

Sin moral o ética que se opongan a los deseos.

El versículo que se usó para este capítulo es una profecía que se refiere a Jesús:

Porque no dejarás mi alma en el seol, ni permitirás que tu santo vea corrupción.

Salmos 49:9

Jesús sólo duró tres días muerto, de hecho, el tercer día resucitó antes de que la bacteria comenzara a hacer su obra en él.

Se había prometido que su cuerpo no vería corrupción, que no sería descompuesto.

Si queremos un espíritu que no sea contaminado por la bacteria, bueno, aquí tenemos el mejor ejemplo, Jesús.

Y lo mejor de esto es que se nos prometió que el Espíritu de Jesús viviría en nosotros, si creemos en él y lo recibimos como nuestro señor y salvador, claro.

Más vosotros no vivís según la carne, sino según el Espíritu, si es que el Espíritu de Dios mora en vosotros. Y si alguno no tiene el Espíritu de Cristo, no es de él. Pero si Cristo está en vosotros, el cuerpo en verdad está muerto a causa del pecado, más el espíritu vive a causa de la justicia.

Romanos 8:9-10

Solo tenemos que darle el control de la aldea al espíritu, y dejar que él le dé el control de la aldea al Espíritu de Cristo, y verás cómo él mantiene el espíritu con vida.

Ahí está Lázaro. En una cueva. Cubierto con una roca. ¿Olvidado? Escondido. Encerrado. Amarrado.

Él puede salir de ahí. Él puede caminar una vez más. Él puede proveer una vez más.

Puede vivir una vez más. Dios está listo para eso. Jesús está dispuesto.

Solo se pide una cosa: ¡Quita la piedra!

El espíritu sigue ahí, dentro de la cueva.

Pero queremos cubrirlo con una piedra, hacernos creer a nosotros mismos que somos fuertes, que podemos vivir así.

Tratamos de endurecer nuestro corazón, y dejamos que la mente crea lo que le conviene.

Creemos, como Adán, que podemos ocultarnos detrás de los árboles.

Pero la voz de Dios lo sacó de detrás de esos árboles.

La voz de Jesús sacó a Lázaro de esa cueva.

Esa voz en la cabeza, no puede ser apagada.
Necesitamos buscar a Dios.
Y que él nos encuentre.
Necesitamos su imagen una vez más.

Capítulo 8
Tentaciones

Y cuando el diablo hubo acabado toda tentación, se apartó de él por un tiempo.

Lucas 4:13

El pecado tiene una fuente, un inicio, la tentación.
La palabra tentación significa "intentar".
Tratar de hacer algo.
Ponernos a prueba nosotros mismos.
Según el diccionario, es un estímulo que induce o persuade a una cosa; un impulso repentino que excita a hacer una cosa.
Lo define como un instinto que no se puede controlar. Inevitable.
Como un deseo de nosotros mismos que nos pone a prueba para hacer algo, o intentar hacer algo.
Querer mirar algo que nuestra mente nos dice que no deberíamos.
Escuchar algo que, de antemano sabemos que nos afectará.
Y si caemos en ese deseo, en esa autoprueba, no lo hacemos para demostrarnos que somos fuertes, todo lo contrario; si pasamos de el deseo a hacerlo, solo nos probamos a nosotros mismos que somos débiles, y que ese deseo es más fuerte que nuestra voluntad.
Ese deseo se materializa, y le da vida a nuestra carne.

¿Cuántos tipos de tentación existen?
Me llama la atención el versículo que se encuentra en Lucas 4:13, donde dice que, el diablo, después de haber acabado toda tentación, se apartó de Jesús por un tiempo.

Mi pregunta es, ¿Por qué dice toda tentación, si solo se mencionan tres tentaciones?

¿Será que solo hay tres tipos de tentaciones?

Y lógicamente, si hay tres tipos de tentaciones, y caemos en ellas, también existen tres tipos de pecado. O tres áreas en las que el pecado nos afectará.

Vamos a repasar el pasaje de Lucas cuatro para ver cuáles son estas tres tentaciones.

Jesús se fue al desierto para ofrecer un ayuno de cuarenta días.

Y Satanás se aparece y lo quiere hacer caer en las tentaciones:

- **Tentación para el cuerpo.**

…Llegó el momento en que Jesús tuvo hambre.

Entonces el diablo le dijo: Si eres hijo de Dios, di a esta piedra que se convierta en pan.

Esta tentación comenzó cuando Jesús tenía hambre, cuando su cuerpo tenía una necesidad, cuando él necesitaba ser saciado de algo físicamente.

Nuestro cuerpo tiene necesidades, tiene instintos que necesitan ser saciados.

Sea el instinto de la comida, sea el instinto sexual, sea la necesidad de descanso, etc.

Llega el momento en que estos instintos necesitan ser saciados, y es difícil ocultar estas necesidades, de una forma u otra se van a externar, se van a dar a notar, y nuestra mente nos da opciones para que saciemos esos instintos.

Los instintos necesitan ser saciados, si tenemos hambre, es lógico que tengamos que comer. Si estamos cansados, obvio que tenemos que dormir o descansar, si estamos excitados y tenemos una pareja, hay que hacer algo al respecto.

Pero el pecado se presenta cuando exageramos o distorsionamos la forma de satisfacerlos.

Si estamos cansados, tenemos que dormir. Hay un tiempo o un periodo en el que, si descansamos, recuperaremos la energía para el siguiente día.

La forma de exagerar o distorsionar este instinto. Es el ocio, la negligencia, la pereza, etc.

Si tenemos hambre, tenemos que comer. La forma de distorsionar esto es: gula, bulimia, anorexia, glotonería, etc.

Si estamos excitados, tenemos que satisfacer eso, la forma de distorsionar esto es: fornicación, adulterio, lascivia, pornografía, orgias, etc.

Llega la tentación como con Jesús y nos dice, si tienes una necesidad, satisfácela tomando atajos, haz lo que tengas que hacer. Saca pan de una piedra.

Pecados que afectan al cuerpo.

- **Tentaciones para el alma.**

Y le llevó a Jerusalén, y le puso sobre el pináculo del templo, y le dijo: Si eres hijo de Dios, échate de aquí abajo;
Porque escrito está: A sus ángeles mandará acerca de ti, que te guarden;
Y, en las manos te sostendrán, para que no tropieces con tu pie en piedra.
Lucas 4:9-11

Satanás estaba tratando de atacar la autoestima de Jesús, su seguridad, su identidad, su propósito.

Le dice: si en verdad eres quién crees que eres, Dios no tiene por qué dejarte pasar por una situación como esta.

Si Dios es tu padre, no deberías sufrir una caída como esta.

Si Dios está de tu lado, no deberías estar batallando con esto.

Ataca la seguridad de uno, lo hace dudar, y lo tienta a hacer cosas que no están en los planes de Dios.

En el alma está la autoestima, lo que uno cree de sí mismo, lo que uno piensa y le da seguridad para vivir.

La forma de distorsionar la autoestima o la identidad es: avaricia, orgullo, autosuficiencia, celos, envidia, coraje, insuficiencia, codicia, etc.

Todo lo que puede enfermar el alma, lo que cambia nuestra mentalidad, y en veces, nos hace dudar quien somos, o si estamos donde deberíamos estar, o si merecemos estar en este lugar o posición.

Pecados que afectan el alma.

- **Tentaciones para el espíritu.**

Y le llevó el diablo a un alto monte, y le mostró en un momento todos los reinos de la tierra.
Y le dijo el diablo: A ti te daré toda esta potestad, y la gloria de ellos; porque a mí me ha sido entregada, y a quien quiero la doy.
Si tú postrado me adoras, todos serán tuyos.

Lucas 4:5-7

En el espíritu está todo lo relacionado a la búsqueda del reino espiritual (obvio), incluso la necesidad de un ser supremo a quien le rindamos culto, y de quien dependamos.

Eso lo traemos en nosotros.

Aunque, a veces no conocemos al ser que debería ser, y terminamos dándole culto y adorando a algo o alguien más.

La forma de distorsionar el espíritu es: idolatría, sacrilegio, herejía, blasfemia, ateísmo, satanismo, brujería, santería, etc.

Y esto es lo que Satanás le estaba ofreciendo a Jesús, que se olvidara de Dios y adorara a alguien más, que desviara su corazón de la búsqueda de Dios, y se preocupara más por lo material, por tener esos reinos que le estaba ofreciendo.

Los pecados que afectan al espíritu.

Estos son los tres tipos de tentaciones que existen: para cuerpo, para alma y para espíritu.

La tentación es un periodo de prueba en el que la persona es impulsada o persuadida a hacer algo que, tal vez no estaba en sus planes.

Las tentaciones son provocadas por el mismo deseo de uno, deseos que se materializan y son concebidos y dan a luz el pecado.

Uno puede tener una ilusión o un "antojo," pero uno puede deshacerse de eso si uno lo desea; si ese deseo permanece ahí, se convierte en una tentación; y cada que llegue a nuestra mente o a nuestra vista, existirá el riesgo de llevarlo a la acción, como dice Santiago, de dar a luz.

Entonces el deseo, después que ha concebido, da a luz el pecado; y el pecado, siendo consumado, da a luz la muerte.

Santiago 1:15

Una vez que el deseo ha concebido o quedado en cinta (como un embarazo)

Da a luz (Gr. tikto: producir, dar) el pecado, y el pecado, siendo consumado (cumplido o realizado) da a luz (Gr. apokuei: engendrar) la muerte.

Existe una gran diferencia entre producir y engendrar (aunque los dos se traducen como dar a luz).

Producir: resultado de una multiplicación.

Engendrar: procrear, dar existencia, originar.

Todo lo que deseamos o anhelamos, hasta codiciamos, son deseos que son concebidos dentro, y estos producen actos, evidencia, pensamientos, comentarios, miradas; esto es la evidencia de lo que hay dentro de uno; y si es malo, es pecado. (lo que está dentro de uno se multiplica).

Y el pecado, siendo realizado o practicado, se hace costumbre y corrompe, distorsiona el interior, el corazón; y esto engendra u origina la muerte.

Así que la tentación es un periodo de prueba en el que el hombre decide si hace caso a sus deseos, "la ley de los miembros," o hace caso a "la ley de la mente," lo que uno cree que es bueno, la ética y la moral.

En los capítulos 5, 6 y 7, encontramos secretos en cómo tomar el control de la situación y vencer en esos momentos en los que la carne y el espíritu están en conflicto.

La carne se mueve a través de instintos, debemos alimentarlos en el momento que nos dan a notar que tienen hambre, porque una vez que los instintos tienen hambre y no son saciados, van a buscar la forma de hacerlo de una forma que no sea real; a través de la imaginación, fantasías, ilusiones, es ahí donde nos damos cuenta que necesitamos alimento. Todo con orden. Buena alimentación e higiene.

La mente es nuestro mejor aliado en este conflicto. El espíritu va a querer reclutar a la mente a través de la conciencia, haciéndonos saber que algo está mal, que no es normal lo que está ocurriendo. Hagamos caso a la conciencia y mantengámonos apartados de lo que nos puede afectar. Lo que respiramos puede contener bacteria, cuidado con lo que aceptas de los demás, eso que respires podría abrir heridas que ya habían cicatrizado o heridas que estás tratando de sanar.

El espíritu debe mantenerse fuerte y sano, ser reconocido, alimentado, y darle el control de la aldea, éste es el que tiene comunión con Dios y por lo tanto, es quien sabe lo que Dios espera de nosotros.

Para terminar con el tema de tentaciones, quiero hacer notar la reacción de Jesús cuando Satanás quiso tocar su área espiritual, el trono de Dios…

Lucas 4:8 Vete de mí…

Me llamó la atención cómo, en las otras dos tentaciones le contestaba:
¡Escrito está!, pero cuando Satanás se quiso meter en su relación con Dios, cuando quiso cambiar el lugar que Dios tenía en el corazón de Jesús…
Le dice: ¡vete de mí!, la expresión que Jesús utilizó originalmente es: ¡jupago!
Que literalmente significa: vete agachado.
Mientras te vas, quiero que te arrastres. Que te humilles.
Vete a tu posición que está debajo. Una expresión de coraje, de enojo.
Solo porque Satanás quiso mover a Dios de su lugar. Dios es un Dios celoso.
Si queremos ser como él, necesitamos ser igual de celosos con él.
Jesús nos dio el ejemplo.
La próxima vez que la tentación quiera distorsionar esa imagen de Dios en nosotros.
Que quiera moverlo del lugar del que pertenece.

Necesitamos armarnos de ese celo. De ese coraje. Sentirnos insultados.

Me imagino a Jesús, sonrojado de coraje, con las venas de su cuello exhibiéndose y sus manos empuñadas de lo molesto que estaba.

De lo insultado que se sintió. Y gritándole a la serpiente.

Y me imagino a la serpiente huyendo entre el polvo. Arrastrándose como debe.

Necesitamos ese coraje la próxima vez que seamos tentados a mover a Dios del lugar que le corresponde.

Sección 3
La lepra y el sacerdote
¿Cómo se trata la lepra?

Capítulo 9
El dilema

Todo el tiempo que la llaga estuviere en él, será inmundo; estará impuro, y habitará solo; fuera del campamento será su morada.

Levíticos 13:46

Vamos a hacer un recuento de la impureza de la lepra. Para poder entender cómo el pecado cobra vida en nosotros y es alimentado por la carne, la cual es alimentada por los instintos, tenemos que compararla con algo que entendamos. La lepra es la impureza más parecida a lo que el pecado hace en uno espiritualmente.

La lepra es provocada por una bacteria específica; una vez que esta bacteria entra al cuerpo y encuentra en él un huésped, comienza a atacar el sistema nervioso.

Específicamente los receptores del dolor.

Es como si la bacteria obrara como anestesia en el cuerpo, una vez que no hay dolor, el cuerpo puede ser golpeado o cortado y no habrá reacción alguna, por lo tanto, las heridas no serán tratadas como deberían, lo que provoca infecciones que si empeoran, el miembro herido puede ser amputado del cuerpo.

Muchos creen que la lepra hace que tus miembros se desprendan de ti en forma misteriosa pero la causa es esa, falta de recepción de dolor.

Esa insensibilidad provoca llagas que no cierran porque el sistema inmunológico está contaminado. Las defensas del cuerpo están desactivadas, no hay nada que nos alerte de heridas porque este es el trabajo del sentimiento del dolor.

El dolor es algo bueno, es el que nos hace saber cuando algo está mal en nosotros. Es el que nos hace saber nuestros límites, qué tanto podemos soportar.

En los tiempos bíblicos no se sabía que lo que provocaba la lepra era una bacteria, así que como no entendían lo que sucedía, lo tomaban como una maldición del cielo, y como era algo espiritual para ellos, entonces los médicos no eran los que atendían a los leprosos sino los sacerdotes.

En el libro de Levíticos capítulos trece y catorce se nos explica los tipos de rituales o ceremonias por los que tenía que pasar una persona con lepra para tratar de mantener esto bajo cierto control. No que tuvieran control sobre la enfermedad, pues decían que era una maldición, sino controlar a la persona contaminada para que no contagiara a los demás.

De la misma manera se habla del pecado, no que Dios lo haya enviado como maldición, sino que la práctica de este y la contaminación que provoca nos ponen en una condición de maldición porque no tenemos acceso a Dios por la contaminación espiritual.

Por cuanto todos pecaron, y están destituidos de la gloria de Dios,
Romanos 3:23

No hay forma que podamos tener acceso a Dios porque su santidad no es compatible con el pecado. Necesitamos un mediador, un sacerdote, alguien que quiera interceder por nosotros, alguien que se interese en nuestro caso y más que nada, nos quiera ayudar, y no solo eso, sino que esté capacitado para hacer algo por nosotros.

Y es aquí donde Jesús entra en la escena...

Bajando del monte, bajando de un lugar alto, tan alto como el cielo, y lo vemos que se acerca...

Volteo a mi lado, y ahí, parado, con dos enormes piedras en su mano, está Moisés, por quien llegó la ley.

¿Cómo puedo refugiarme yo en la ley, si todo lo que encuentro ahí es juicio?, es sólo un diagnóstico de mi enfermedad, pero no hay medicina, no hay algo que yo esté apto para ejercer que me saque de esta condición. Como leproso, no puedo acercarme a nadie, y si tengo el atrevimiento de hacerlo, cada paso que doy, la gente tiene la orden de recoger piedras y apuntar hacia mí, es la ley.

Como puedo yo refugiarme en la ley, si estoy bajo una maldición que no entiendo, no sé si hice algo mal o simplemente fui elegido al azar, entre millones de personas.

No hay nada que pueda yo hacer para mejorar, solo hay rituales que me hacen esperar semanas y semanas, sin saber que ocurrirá, no depende de mí.

Cada vez que quiero hablar con Moisés, solo me responde que tengo que esperar.

Solo me recuerda lo mal que estoy.

Solo mueve su cabeza con desprecio y me hace una señal para que me aleje.

¡Regresa en siete días!

¿No hay algo que él pueda hacer por mí?

Por más que estudio las tablas que viene cargando, no encuentro una solución, esas tablas solo gritan mi condición, y me obligan a gritarlo yo también, todos deben saberlo.

No se me acerquen, déjenme solo, ¿te suena familiar?

Veo a Jesús caminando, bajando del monte, parece un sacerdote más accesible.

¿Por qué me sonríe? ¿No sabe quién soy? ¿No conoce mi condición?

¿No conoce la ley? ¿Qué es ese trozo de papel en su mano?

Jesús viene con un mensaje, trae en su mano la continuación de Romanos 3:23, cuando todo parecía perdido, cuando mi caso tenía una sentencia segura: ¡Culpable!

Él llega con ese trozo de página que completa el veredicto, no se que esperar. Si Moisés, siendo un humano como yo, no me da esperanza, que puedo esperar de un ser perfecto.

y me lo muestra:

Siendo justificados gratuitamente por su gracia, mediante la redención que es en Cristo Jesús,

Romanos 3:24

Y me dice que está dispuesto a comprar mi vida, sacarme del mercado, y lo más asombroso es lo que me pide a cambio: ¡NADA!

Ese es exactamente el significado de gracia: gratis, nada a cambio.

Ahora estoy en un gran dilema: ¿con quién me voy?

En un lado tengo a Moisés, con sus dos tablas en la mano, llenas de reglas y diagnósticos que no me dan una solución.

Y él me da las tablas para que las cargue. (Honestamente, se ven muy pesadas para mí).

Por otro lado tengo a Jesús, cargando una cruz, una que era para mí, para que yo fuera ejecutado por todo lo que he hecho.

Y me dice que él carga esa cruz por mí.

Ahora que lo veo así, no creo que sea un dilema. Tomé mi decisión, voy con el sacerdote que puede hacer algo por mí. El que puede quitar esta maldición y llevarme de regreso a Dios.

En otras palabras: Es mucho más ligero cargar una cruz, que dos tablas de piedra.

¿Qué me dices de ti? ¿Ya tomaste tu decisión? El único que nos puede llevar de regreso a Dios, es Jesús. Nadie más.

En esta situación del pecado necesitamos un sacerdote que nos examine, un sacerdote que nos guíe por el proceso que nos limpiará de la impureza.

Jesús te acaba de mostrar sus credenciales, y de lo que puede ser capaz.

No es una decisión difícil de tomar, solo tenemos que ver los hechos, la evidencia.

Pues la ley por medio de Moisés fue dada, pero la gracia y la verdad vinieron por medio de Jesucristo.

Juan 1:17

Capítulo 10
Pies en la tierra, ojos en el cielo

> *Cuando el hombre tuviere en la piel de su cuerpo hinchazón, o erupción, o mancha blanca, y hubiere en la piel de su cuerpo como llaga de lepra, será traído a Aarón el sacerdote o a uno de sus hijos los sacerdotes.*
>
> *Levíticos 13:2*

Las reglas para tratar la lepra eran muy estrictas, a la lepra se le consideraba una impureza del cuerpo, no una enfermedad.

Por esto, cuando una persona tenía síntomas o creía que podría estar infectado de lepra, inmediatamente tenía que ir con el sacerdote para que fuera examinado, y se le dijera si lo que tiene en su cuerpo es lepra o no.

"A los primeros indicios de lepra, ir con el sacerdote."

¿Cómo sabemos que tenemos lepra espiritual? (hablando del pecado)

Cuando mi hijo estaba en segundo grado, hubo en la escuela una conferencia de padres/maestros para que nos dieran una evaluación de cómo está el aprovechamiento o la actitud de nuestros hijos en su escuela.

Cuando llegó el turno de que mi esposa y yo entráramos al aula, entre las cosas que nos dijo la maestra de nuestro hijo, nos contó una anécdota de él; nos dijo que hacía pocos días, les habían dado unos dulces a cada niño, y mi hijo (de seis años de edad), fue a otro lugar del aula, y cuando regresó, se encontró con la sorpresa de que los dulces de él ya no estaban donde los dejó. "Habían desaparecido."

Mi hijo se sorprendió, y por decirlo de alguna forma, se emocionó, por el hecho de que los dulces hubieran desaparecido, como si hubiera sido un acto de magia.

Nosotros siempre en casa, le hemos enseñado que no debe tomar lo que no es de él, pero solo le decimos que no puede tomar algo que no le pertenece, nunca le mencionamos la palabra "robar". Así que él no sabía lo que significaba esa palabra.

Cuando él miró que sus dulces ya no estaban, exclamó en voz alta: ¡wow, los dulces desaparecieron! Cuando la maestra escuchó eso, supo que no había sido magia.

Así que les dijo a los demás niños que tenían que regresarlos.

El punto de esta anécdota, es que mientras mi hijo no sabía lo que era robar, nunca lo miró como algo malo, solo instrucciones de no tomar algo ajeno.

Ese día se enteró del significado, y de las consecuencias.

Sus ojos fueron abiertos.

Eso es exactamente para lo que se hizo la ley, para abrir nuestros ojos, y poner los pies en la tierra, dándonos cuenta de lo que hacemos en realidad.

Hay una historia en la biblia que nos ayuda a entender mejor esto:

Después partieron del monte Hor, camino del mar rojo, para rodear la tierra de Edom; y se desanimó el pueblo por el camino.
Y habló el pueblo en contra de Dios y en contra de Moisés: ¿Por qué nos hiciste subir de Egipto para que muramos en este desierto? Pues no hay pan ni agua, y nuestra alma tiene fastidio de este pan tan liviano.
Y Jehová envió entre el pueblo serpientes ardientes, que mordían al pueblo; y murió mucho pueblo de Israel.
Números 21:4-6

El pueblo estaba caminando por el desierto, Dios se estaba encargando de ellos, Cuando tenían sed, les daba agua.

Cuando tenían frío, estaba la columna de fuego.

Cuando el sol quería quemarlos, estaba la nube que los protegía.
Cuando tenían hambre, les enviaba pan del cielo, "mana."

Parecía que todo iba bien entre los dos; pero un día, el pueblo se enfadó de ser guiados por Dios, y decidieron rebelarse contra él, darle la espalda, murmurar contra Dios.

Y creían que tenían razón.

Creían que estaban en lo correcto al hacer eso.

Dios tuvo que hacer algo para que supieran que estaban mal.

Y envió serpientes... bueno, las serpientes ya estaban ahí (Deuteronomio 8:15), pero él los protegía de que ellas no se acercaran.

Al apartarse ellos de Dios, rechazaron su protección, así que las serpientes comenzaron a hacer lo que mejor hacen: morder. El desierto ahora estaba lleno de heridas abiertas.

Veneno.

Muerte.

Desesperación.

Vulnerabilidad.

Sus ojos habían sido abiertos, hicieron algo malo.

Tenían los pies en la tierra, lo malo trae consecuencias.

Y eso es para lo que se nos dio la ley, para abrir nuestros ojos, para que nos demos cuenta de que lo que hacemos tiene consecuencias.

El tomar algo ajeno ya tiene un nombre: "robar."

Tomar la vida de alguien más, no es impulso, se llama: "asesinato."

Tomar la pareja de alguien más ya no es diversión, se llama "adulterio".

Ojos abiertos.

El pueblo de Israel, antes de las serpientes, se pudieron haber visto ellos mismos como unas personas mimadas, hasta puede sonar tierno si quieres.

Pero al llegar las serpientes, ya supieron que no pueden hablar mal de Dios.

Se dieron cuenta de lo que habían hecho.

Pero la ley tiene dos propósitos, el primero es hacernos saber que estamos mal, y el segundo es hacernos saber que nadie es perfecto, que es imposible que alguien pueda cumplir toda la ley, sin faltar en un punto.

¿Entonces qué hacemos?
¿Con quién vamos?
¿A dónde volteamos?

Entonces el pueblo vino a Moisés y dijo: Hemos pecado por haber hablado contra Jehová, y contra ti; ruega a Jehová que quite de nosotros estas serpientes. Y Moisés oró por el pueblo.

Números 21:7

El pueblo reconoció que había pecado, reconoció que había ofendido a Dios y lo confesaron aceptaron su condición y su falta, pero lejos de acercarse a Dios, le dijeron a Moisés que él orara por ellos, que intercediera por el pueblo.

Y Dios le dijo a Moisés que hiciera una serpiente de bronce, y la pusiera en un asta para que estuviera alta. Y le dijo que le dijera al pueblo que todo el que fuera mordido por las serpientes sólo tenía que mirar hacia arriba, donde estaba la serpiente de bronce, y sería sano del veneno.

Las serpientes aparecen para que abramos nuestros ojos a la realidad, las consecuencias, las heridas aparecen para que miremos hacia arriba.

Dios pudo haber quitado las serpientes, y se terminaba el problema; pero él quería hacernos saber que uno tiene que poner de su parte.

Que uno, por sus esfuerzos no puede deshacerse del pecado.

El da la solución al problema, pero uno tiene que tomar la decisión.

Dios envió las serpientes porque sabe que uno, como ser humano, cuando se encuentra en problemas que están fuera de su alcance, lo primero que hacemos es acordarnos que hay un Dios.

Se nos ha hablado de lo que es el pecado, hasta podemos sacar definiciones y teología acerca de ese tema, pero no hemos tomado en cuenta el punto de vista de Dios, ¿Cómo ve Dios al pecado? ¿Cómo lo describe o lo define?

¿Recuerdas el capítulo del caminante?

Vino uno de camino...

La tentación, el deseo, las ganas, la mirada, la pregunta, ¿Lo hago?

¿Qué podría pasar? La duda, la pelea en la mente.

Un caminante que quiere ser alimentado.

Un deseo, un instinto, que "debemos" alimentar.

El punto es que al momento que alimentamos al caminante, lo convertimos en un invitado, en un huésped.

Cuando estamos alineados con Dios, él va a mantener a las serpientes a distancia, ellas están en el desierto, están en el mundo, pero la presencia de Dios las aleja.

Una vez que nos ponemos en contra de él, estamos fuera de su protección, y es cuando las serpientes pueden llegar y dejar su veneno.

Igual los caminantes, ellos siempre van a estar rondando, hambrientos, esperando ser alimentados; uno debe ser responsable de lo que va a hacer con ellos.

La ley despierta el pecado en nosotros, le pone nombre a las acciones.

Y el hecho de traer nombre, ya trae consecuencias.

El pecado despierta para que aprendamos a mirar hacia arriba.

Y como Moisés levantó la serpiente en el desierto, así es necesario que el hijo del hombre sea levantado,
Para que todo aquel que en él cree, no se pierda, mas tenga vida eterna.
Juan 3:14-15

Porque lo que era imposible para la ley, por cuanto era débil por la carne, Dios, enviando a su hijo en semejanza de carne de pecado y a causa del pecado, condenó al pecado en la carne.
Romanos 8:3

Antes se creía que la lepra era una maldición de Dios, que la lepra era un castigo del cielo, y por lo tanto, no había nada que se podía hacer más que esperar en Dios, esperar que Dios tuviera misericordia.

Pero en el año 1877, llegó un hombre de apellido Hansen, y con un microscopio pudo ver lo que causaba la lepra, pudo ver la bacteria que era la que provocaba todos esos malestares. Una vez que se pudo ver al causante y darle un nombre, se supo también que esa enfermedad no es responsabilidad del cielo, se produce por mala alimentación y falta de higiene, ya no podemos culpar a nadie, debemos ser responsables de nuestros propios actos y asumir las consecuencias.

Somos nosotros quienes abrimos las puertas para que entre esta bacteria al cuerpo.

Cuando el pecado llegó al hombre, una de las consecuencias fue que la tierra comenzaría a producir espinos. Antes de eso, daba árboles buenos a la vista, pero la consecuencia del pecado es representada por los espinos. (Génesis 3)

Cuando Jesús fue clavado en la cruz, por nuestros pecados, fue levantado con una corona de espinos puesta en su cabeza.

Con eso nos decía que con su sacrificio se estaba llevando las consecuencias del pecado, las consecuencias de las mordidas de las serpientes, se llevaba las heridas abiertas, se llevaba el veneno, se llevaba la muerte.

Puede ser que nuestros ojos hayan sido abiertos desde hace tiempo, pero queremos seguir jugando a la venda en los ojos, pretendiendo que lo que hacemos no tiene nombre, que es gracioso, que es curioso, que es tierno.

Sabemos que los dulces no desaparecen por arte de magia.

Sabemos que las mordidas traen consecuencias.

El pecado no fue despertado para que tengamos a alguien con quien jugar.

Fue despertado para obligarnos a mirar hacia arriba.

Para mirar al cielo y ser librados de las consecuencias.

Mírenme a mí, y sed salvos, todos los términos de la tierra, porque yo soy Dios, y no hay más.

Isaías 45:22

El no va a quitar a las serpientes, aprendamos a mirar hacia arriba.

Si comienza a haber síntomas de lepra en nosotros, es tiempo de ir con el sacerdote.

Capítulo 11
La experiencia nos hace... ¿mejores?

Y el sacerdote mirará la llaga en la piel del cuerpo; si el pelo en la llaga se ha vuelto blanco, y pareciere la llaga más profunda que la piel de la carne, llaga de lepra es; y el sacerdote le reconocerá, y le declarará inmundo.

Levíticos 13:3

Un hombre plantó una viña, la arrendó a labradores, y se ausentó por mucho tiempo.

A su tiempo envió un siervo a los labradores, para que diesen del fruto de la viña; pero los labradores le golpearon, y le enviaron con las manos vacías.

Volvió a enviar a otro siervo; mas ellos a éste también, golpeado y afrentado, le enviaron con las manos vacías.

Volvió a enviar un tercer siervo; mas ellos también a éste echaron fuera, herido.

Entonces el señor de la viña dijo: ¿Qué haré? Enviaré a mi hijo amado; quizás cuando le vean a él, le tendrán respeto.

Mas los labradores, al verle, discutían entre sí, diciendo: Este es el heredero; venid, matémoslo, para que la heredad sea nuestra.

Y le echaron fuera de la viña, y le mataron. ¿Qué, pues, les hará el señor de la viña?

Lucas 20:9-15

Dios nos dejó estar en el mundo, nacer, crecer, vivir, ser; y a su tiempo, quiso ver fruto de nosotros. De alguna manera u otra, nos hacía que le diéramos fruto de lo que habíamos desarrollado en nuestra estancia en la tierra.

¿Qué recibía a cambio?

Rechazo.

Indiferencia.

Arrogancia.

Orgullo.

Lejos de recibir de nosotros los frutos que fuimos diseñados para dar, obtenía lo contrario.

Hay un detalle que me llama mucho la atención de esta parábola: Cuando envió al primer siervo a recoger el fruto, lo golpearon.

Al segundo, lo golpearon y lo avergonzaron.

Al tercero, lo hirieron y lo sacaron de la viña herido.

Al hijo, lo sacaron de la viña y lo mataron fuera.

Parece que cada día, cada oportunidad que tenían, se hacían mejores para hacer daño; comenzaron con golpes, vieron que en cierta forma los hacía sentirse desahogados, y decidieron que, aparte de golpear, podrían avergonzar a la persona que estaba en el piso golpeada; aparte de golpear el cuerpo, podían hacer lo mismo con el alma. Avergonzar, degradar, juzgar, mofar.

Vieron que era divertido, y se les ocurrió que si golpear con las manos no era suficiente, podían usar herramientas para "herir," y una vez que la persona estaba herida, podían sacarla de la viña y dejarla tirada en la calle, si moría o vivía, a ellos no les preocupaba.

Ya era fácil herir, ya eran unos "expertos" en el arte de la tortura, así que lo siguiente era matar, vamos a experimentar algo nuevo.

Ahora, lejos de sentir remordimiento o arrepentimiento por las acciones, parecía que sentían satisfacción, la mente se fue adaptando a las nuevas actividades.

Se fue moldeando a las circunstancias, y cuando se dieron cuenta, el corazón no era más que un trozo de hielo insertado en el pecho.

Sin sentimientos.

Sin respeto.

Sin ética.

Recuerdo cuando era un niño, podía salir con mis hermanos a la calle, podíamos estar todo el día en la calle, y mis padres no tenían que preocuparse, era un lugar tranquilo.

Podíamos ir lejos de casa, y no teníamos que preocuparnos por ninguna anomalía en la calle.

Hoy en día, si el hijo no aparece en media hora, ya estamos marcando al 911 para que nos ayuden a buscarlo.

Sabemos dentro de nosotros, que los tiempos no son los mismos, que han cambiado; de hecho, los que hemos cambiado somos nosotros; la humanidad, la mentalidad está más distorsionada, más perversa, como en la parábola de los labradores.

En mis tiempos, los problemas de los maestros en la escuela, eran que uno platicaba mucho, o masticaba chicle. Ahora, ha habido casos de armas en las escuelas, violaciones, peleas por territorio.

Parece que la mentalidad ha evolucionado, y cosas o temas que eran un tabú hace años, ahora se convirtieron en materias para enseñar a los niños.

Ahora, en lugar de decirles a nuestros hijos que se porten bien, tenemos que enseñarles que no se dejen molestar en la escuela, que no sean tan "dormidos".

¿Quién iba a pensar que iba a llegar el tiempo en que la inocencia, en lugar de ser una cualidad, se iba a convertir en un defecto?

Si una persona es muy inocente, es criticada, es motivo de burla.

Ahora tenemos que enseñar a nuestros hijos de lo nuevo en el mundo. Pero,

¿Cómo le explicamos a nuestros hijos lo que es la pedofilia? (sexo con niños)

¿Con qué palabras les explicamos lo que es la necrofilia? (Sexo con muertos)

¿Cómo les decimos que estas palabras son parte del diccionario, parte del vocabulario, que son actividades a las que ya se les dio un nombre?

¿Cómo los miramos a los ojos y les explicamos que ya hay un "tercer sexo"?

¿Cómo les platicamos de la bestialidad, del incesto?

¿Cómo les decimos de los frutos distorsionados que ha creado la mente?

¿Por qué tienen que enterarse de estas cosas?

Parece que la moral ha sido subastada, se le vende al que muestra más dinero.

Ha sido opacada por la necesidad de hacer más actividades satisfactorias, a costo de lo que sea. Ahora está hecha a un lado para que nos dé la oportunidad de superarnos.

Actuamos como si no existiera, mientras nos convenga.

¿Qué tiene que ver esto con la lepra?

Lo primero que ataca la bacteria en el cuerpo es el sistema nervioso, desactiva los sensores del dolor. Y somos golpeados, somos lastimados, somos heridos, y no hay respuesta porque no hay dolor. La conciencia ha sido apagada, ha sido desactivada, y las actividades que se hacían a escondidas, ahora son públicas.

La lepra se da a conocer a través de la insensibilidad, la falta de dolor.

Mientras estudiaba acerca de la lepra para escribir este libro, encontré que una de las enfermedades más parecidas a la lepra, es la diabetes. Esta enfermedad también es conocida por desactivar los sensores de dolor.

Conocí a una persona con esta enfermedad, un día, pisó un clavo oxidado, pero no se dio cuenta porque no sintió dolor; después de un tiempo la infección del pie se dio a notar por el olor, pero ya era tarde, le tuvieron que amputar la pierna porque la infección ya había avanzado, ya había hecho demasiado daño. La pérdida del dolor es lo que provoca que ignoremos que estamos siendo lastimados.

Esa falta de dolor nos empuja a ignorar el peligro, a ignorar los límites, a ser descuidados de nuestras actividades. Y eso nos lleva a nuevas heridas, heridas que no reconocemos, que no sentimos.

El verdadero problema es la insensibilidad, te hieres, no te das cuenta, y esa herida se infecta, esa infección se convierte en gangrena y eventualmente pierdes un miembro del cuerpo sin sentirlo, te vas desfigurando poco a poco por la falta de dolor.

El dolor tiene un propósito, es importante para nuestra vida. Estoy de acuerdo que no nos gusta experimentarlo, que no es satisfactorio, pero si no fuera parte de nuestra vida, estaría nuestro cuerpo lleno de heridas, no cicatrices; porque la cicatriz llega cuando atendemos la herida, cuando ayudamos a sanar.

Se dice que un niño, a los dos años de edad, ya usa las palabras bien y mal, sabe la existencia de ellas, aunque no tiene una definición de lo que en realidad significan las palabras, el concepto está basado en consecuencias más que nada.

Y la mayoría de las veces basamos nuestras decisiones en lo bien que sepamos esconder los resultados.

Se hizo un experimento para saber en que está basada la moral de las personas.

Se les expuso un problema a personas de diferentes edades, y las respuestas de cada uno determinaría en que estaba basada la moral según las edades.

Las conclusiones expusieron que en la niñez, la moral está basada en el interés propio, en premios y castigos. Si hacen algo bueno, reciben un premio; si hacen algo malo, reciben un castigo.

En los adolescentes, la moral está basada en intercambio de favores, hacen cosas buenas, esperando que se les recompense después.

En la juventud, la moral se basaba en el hecho de aceptar las reglas sociales. Saben que una mala acción puede afectar el orden de lo establecido.

Como adulto, se desarrolla la moral basada en estándares personales de lo que es el bien y el mal. A veces, se tienen que hacer cosas para conseguir más dinero, y uno cree que no es malo por el hecho de que se necesita proveer para el hogar como sea posible.

La última etapa, está basada en la religión, a uno se le son enseñadas bases religiosas, y estas son las que despiertan la conciencia y ésta nos redarguye de lo bueno y lo malo.

Hay personas que pueden sacar buenas respuestas para este dilema, y se creyó que las personas con mayor "razonamiento" moral podrían tener un mejor comportamiento o reacción hacia un problema, pero el mejor lector para la moral es la presión de las circunstancias.

¿Por qué actuamos como lo hacemos?

¿Por qué nos comportamos de diferentes formas?
Algo que mueve el comportamiento es la actitud.
¿Qué es la actitud? Es la tendencia a evaluar las cosas; sean personas, asuntos, objetos, eventos, etc.
La actitud de uno puede predecir el comportamiento.
Por ejemplo: si no nos gusta la forma que un gobierno está haciendo algo, decimos: si a ellos no les preocupa, ¿Por qué a mí debería preocuparme? Esa actitud, o esa evaluación que hicimos, pueden predecir el comportamiento que tendremos.
Y por esa actitud, comenzamos a actuar como si no nos preocupara nada de lo que pase.
La actitud con la que salgas de tu casa en la mañana, puede predecir y por ende afectar el comportamiento que podrías tener durante el día.
La actitud puede ser formada por experiencias propias o por observación.
Las experiencias te hacen cambiar la forma de ver las cosas, es donde aprendes qué debes o no debes hacer.
Hemos llegado hasta donde estamos hoy, no hay forma de regresar el tiempo, no hay forma de que deseemos que todo vuelva a la normalidad y esperar a que pase.
El mundo ha seguido girando, y la humanidad ha despertado a actividades nuevas, la mente sigue evolucionando, y las cosas que antes eran escondidas, ahora están a la luz.
Parece que la experiencia nos ha hecho… mejores para lo que hacemos cada día de nuestra vida, la mente se va acostumbrando a lo que hacemos, y lo está viendo como algo común.
El conocimiento de cosas nuevas nos ha llevado a nuevas formas de comportamiento.
Y tenemos la presión de todo esto delante de nosotros; y volteamos hacia atrás, y nos viene siguiendo una nueva generación.
¿Qué vamos a hacer?
El dueño de la viña, a su tiempo, enviará para recoger el fruto del corazón.
¿Qué va a encontrar ahí?
¿Estará la mente cauterizada como la de los labradores de la viña?

¿Habrá tanta experiencia que sabremos esconder o apagar los sentimientos?

El hombre que creía que tiene lepra se presenta al sacerdote, y él lo revisa; si ve que la mancha blanca está en la piel, y ve que la mancha es más profunda que la piel, lo declarará inmundo.
¿Qué tan profundo ha llegado la mancha?
¿Qué tanto nos ha afectado?
¿Cómo nos declaramos?
Hemos llegado lejos, pero podemos hacer algo.
Cuando actuamos o nos comportamos de cierta manera, debemos hacernos la pregunta:
¿Qué tipo de gente aprueba lo que hago?
¿Qué tipo de gente reprueba lo que hago?
La respuesta a esta pregunta puede cambiar nuestra forma de reaccionar a las circunstancias.

Como vimos antes, la actitud o la forma de pensar de nosotros hacia ciertas cosas puede predecir nuestro comportamiento.

Si queremos cambiar nuestra forma de actuar, nuestra forma de reaccionar, entonces lo primero es cambiar nuestra actitud.

Eso nos llevará a mejores resultados. Mejores acciones. Mejores reacciones.

Y la próxima vez que alguien más haga lo contrario y se pregunte:
¿Qué tipo de gente reprueba lo que hago?
Y piense en ti… Eso hará una diferencia, poco a poco.
Yo creo que la siguiente generación tiene la oportunidad de recibir cosas buenas de nosotros.

Y creo que podemos mejorar lo que hemos hecho con el mundo hasta ahora.

Debemos ser responsables.
Ya no se trata de nosotros.
Se trata de los que nos vienen siguiendo.
La inocencia no tiene que ser un defecto.
Convirtámoslo en una cualidad otra vez.
El dolor es bueno para nosotros.

Capítulo 12
La historia del corazón

Entonces éste le reconocerá; y si la lepra hubiere cubierto todo su cuerpo, declarará limpio al llagado; toda ella se ha vuelto blanca, y él es limpio.

Levíticos 13:13

Existe una diferencia entre el alma y el espíritu. Aunque estos dos, forman la parte inmaterial del hombre.

El alma, por un lado, son nuestros pensamientos, nuestra mente, nuestra memoria, inteligencia, nuestra personalidad.

La personalidad de uno puede ser introvertido o extrovertido; puede tener un alto grado de inteligencia o lo contrario; puede ser ágil o una persona tranquila; serio, bromista, fantasioso, realista, sensible, emocional, locuaz, callado, artístico.

La personalidad de alguien, es lo que muestra a los demás. Y las características de la personalidad pueden ayudar a uno a sobresalir ante los demás o vivir en el anonimato o en el conformismo. Nuestra personalidad abre o cierra puertas en la vida.

Por otro lado, tenemos el espíritu. En él están los valores que no se pueden romper, las actitudes morales; la búsqueda de propósito, significado y conexión, la moral, la ética, la justicia, creatividad, inspiración, virtudes, responsabilidad, meditación, el carácter.

El carácter de uno puede ser, honesto, sincero, controlado, leal, obediente, dependiente, paciente, humilde, pacifico, egoísta, prudente, gentil, amable, modesto, puro, respetuoso, perdonador, arrogante, agradecido, generoso, mentiroso, descontrolado, desleal, independiente, desesperado, vanidoso.

Mientras que la personalidad afecta nuestra vida en relación con la vida, el carácter de nosotros afecta nuestra relación con las demás personas, este nos puede hacer aceptados o rechazados.

La personalidad puede expresar nuestro carácter, o puede esconderlo.

Desde el principio, Dios quiso que el carácter del hombre fuera íntegro, que su espíritu estuviera alineado al de él.

Esta es la historia del corazón:

Una vez, Jesús contó una parábola de tantas que me llamó la atención, la parábola del sembrador. Y encontré un detalle en ella, cuando Jesús explicó la parábola, dijo que el corazón de uno era la tierra, el terreno donde la semilla era sembrada.

Y esto me llevó al pasaje de la creación, para entender mejor el carácter.

Todo comenzó en el corazón.

Entonces Dios formó al hombre del POLVO DE LA TIERRA, y sopló en su nariz aliento de vida, y fue el hombre un ser viviente.

(Génesis 2:7)

El corazón, representado por la tierra, creado por Dios con dos propósitos.

Primero, de ahí sacaría al hombre.

Qué curioso, el origen o el significado de la palabra carácter, viene del griego, significa "grabado, esculpido."

Cómo cuando un escultor toma una piedra sin forma, y la comienza a golpear, la comienza a cortar y a darle forma. Es una sola pieza que fue golpeada y cortada hasta exhibir lo que el escultor tenía en su mente, en sus planes.

Y aquí está Dios, el gran escultor, el artista que creó los cielos y la tierra, las estrellas, y todo lo que te rodea.

Tomando tierra, y formando al hombre, esculpiéndolo, dándole una forma.

Y este hombre es el carácter de uno que sale del corazón, y que fue formado por las manos de Dios. Cuando Dios creó al hombre, ¿qué estaba en su mente?

Entonces, dijo Dios: Hagamos al hombre a nuestra imagen, conforme a nuestra semejanza...

(Génesis 1:26)

El plan de Dios, desde el principio era que el carácter del hombre fuera a su imagen, que el hombre fuera como él, pensara como él, fuera íntegro, que las cualidades de su carácter fueran todas positivas, perfecto, como el carácter de Dios, inquebrantable, intachable.

Para esto, Dios tenía que darle en cierta forma su ADN. Y lo hizo.

Cuando lo formó, lo esculpió, Dios puso una parte de su carácter en él, sopló en su nariz aliento de vida. Dios dio parte de su espíritu, parte de su carácter al hombre en ese soplo, y eso lo convirtió en alguien perfecto, a la imagen de Dios.

El escultor se para un poco retirado, y admira su creación, su obra de arte; y vio que era bueno.

El segundo propósito de la tierra o del corazón:

Y Jehová Dios hizo nacer DE LA TIERRA todo árbol delicioso a la vista, y bueno para COMER; también el árbol de vida en medio del huerto, y el árbol de la ciencia del bien y del mal.

(Génesis 2:9)

El corazón alimenta al espíritu, alimenta al carácter. De la tierra nacieron árboles que daban fruto, y estos frutos le servían al hombre para que se alimentara, para que se mantuviera fuerte, para que creciera.

El mismo Jesús dijo:

Porque cada árbol se conoce por su fruto; pues no se cosechan higos de los espinos, ni de las zarzas se vendimian uvas.

El hombre bueno, del buen tesoro de su corazón saca lo bueno; y el hombre malo, del mal tesoro de su corazón saca lo malo; porque de la abundancia del corazón habla la boca.

Lucas 6:44-45

Pero lo que sale de la boca, del corazón sale; y esto contamina al hombre. Porque del corazón salen los malos pensamientos, los homicidios, los adulterios, las fornicaciones, los hurtos, los falsos testimonios, las blasfemias.

Mateo 15:18-19

El corazón alimenta al carácter, lo que metemos en el corazón, se va a ver reflejado en nuestra forma de hablar, de actuar, de vivir.

Por esto, el carácter afecta nuestra relación con las demás personas, o cómo nos ven. Es en nuestro carácter donde se encuentra todo aspecto moral o religioso.

Un carácter íntegro, es aquel que contiene o refleja todas las características positivas de las que se mencionaron antes en este capítulo.

Como leímos en Génesis 2:9, en el centro del corazón está la vida.

La vida de la carne está en la sangre. (Levíticos 17:11)

También en el centro del corazón está la opción de hacer lo bueno o lo malo.

Dios nos da la libertad de poder decidir lo que queremos hacer. Y ahí están las dos opciones: podemos hacer lo bueno, o lo malo. Cualquiera de estas dos decisiones que tomemos, será lo que alimente al carácter, y por ende, eso se verá reflejado en nuestra vida.

Y las indicaciones que Dios le dio al hombre fueron: puedes comer de todo fruto que dan los árboles. Los frutos de ellos eran agradables a la vista y buenos para comer.

El carácter podía ser alimentado de todo fruto bueno del corazón.

Pero no del conocimiento del bien y del mal. Si el hombre era hecho a la imagen de Dios, no tenía porqué comer de ese fruto "para ser igual a Dios".

Ya que cambiaron la verdad de Dios por la mentira, honrando y dando culto a las criaturas antes que al creador, el cual es bendito por los siglos. Amén.

Romanos 1:25

El punto es que el hombre quiso ser igual a Dios a su manera, y se comenzó a alimentar de lo que no debía.

Conociendo lo malo, perdió la inocencia, la integridad, y eso lo separó de Dios.

¿Cuáles fueron las consecuencias de eso?

Después de que el carácter fue alimentado por lo malo, se dio cuenta que sabía más de lo que debía, comenzó a haber malicia.

Cuenta el capítulo tres del libro de Génesis, que el hombre se dio cuenta que estaba desnudo, siempre lo estuvo, pero eso no le preocupaba porque no había malicia.

Cuando no hay malicia, uno puede andar delante de Dios desnudo (hablando espiritualmente). No hay nada que esconder, él puede vernos y conocernos tal y como somos, porque somos a su imagen.

Pero cuando llega la malicia, hacemos lo mismo que el hombre: oímos la voz de Dios y corremos a escondernos detrás de los árboles, detrás de los frutos.

¿Qué significa esto?

Que sabiendo que estamos mal, tratamos de hacer buenas obras, dar buenos frutos; pensando que podemos esconder nuestro carácter de Dios y de los demás.

Y ponemos las obras por delante para poder esconder nuestra verdadera identidad, lo que somos en realidad. Como dije al principio del capítulo: la personalidad puede esconder al carácter, pero no será por mucho tiempo.

Llega Dios al huerto, y ve muchos frutos a la vista.

Pero no ve el carácter.

No ve al hombre.

No ve su imagen.

Y después de tantos años, incluso siglos, la pregunta de Dios retumba en el universo: ¿Dónde estás?

¿Dónde está mi imagen?

¿Dónde está mi obra de arte?

¿Mi escultura?

Y la respuesta de la humanidad sigue siendo la respuesta del hombre:

¡Oigo tu voz y siento miedo!

Ahora que mis ojos fueron abiertos, que en mi corazón está lo bueno y lo malo, no creo que pueda volver a llegar a ser a tu imagen, y eso me da miedo.

Tengo miedo de ser desechado por ti.

¡Me di cuenta que estaba desnudo delante de ti, y me escondí!

Es difícil para mí saber que puedes ver mi desnudez, que puedes conocerme más de lo que yo mismo me conozco.

Tengo que esconderme detrás de mis frutos, de mis obras, tengo que actuar, tengo que pretender, tengo que defenderme de lo que me puedes decir.

Pero es difícil esconder el carácter, en cualquier momento se da a conocer.

Los frutos no pueden ser actuados. De lo que hay en el corazón se va a hablar, se va a actuar, se va a vivir.

Dios le dijo a Adán que por haber desobedecido y haber tomado la decisión equivocada, habría consecuencias; los frutos ya no serían "agradables a la vista."

Ahora el fruto del corazón sería otro:

La tierra… espinos y cardos te producirá, y comerás plantas del campo.
(Génesis 3:18)

El corazón dará frutos diferentes a los que Dios había planeado, ya no habrá integridad.

Ahora el corazón produciría: deshonestidad, mentira, avaricia, vanidad… espinos.

¿Quién quiere espinos en su jardín? No son agradables a la vista.

Mientras exista la humanidad, esta historia no tiene un final todavía.

El final lo coloca cada uno de nosotros en su vida.

Es difícil que uno pueda llegar a ser a la imagen de Dios por su propia cuenta...

Pero encontré una luz al final del camino, una esperanza...

La caña cascada no quebrará, y el pábilo que humea no apagará, hasta que saque a victoria el juicio.

Mateo 12:20

¿Alguna vez has visto un pábilo que humea?

Es la mecha de la veladora cuando está a punto de apagarse.

Comienza a humear, está en sus últimos momentos.

Esa mecha somos nosotros, intentando alcanzar a Dios, intentando llegar a ser a su imagen una vez más, intentando recuperar lo que se perdió. Pero reconociendo que es imposible esconderse detrás de los frutos, es imposible pretender o imitar a Dios.

Mientras uno siga humeando, hay esperanza.

Lo único que tenemos que hacer...

    Es salir de detrás de los árboles.

        Pararnos delante de Dios.

            Y presentarnos desnudos delante de él.

Que nos mire como somos.

Eso es exactamente lo que tenía que hacer la persona que quería que su lepra fuera examinada. Llegaba con el sacerdote, y se desnudaba delante de él; no podía esconder nada, no podía reservarse nada para él, no podía elegir qué mostrar y que esconder, no había nada más que sumisión, rendición, resignación, tragarse la vergüenza de que vean su desnudez, salir de detrás de los árboles como Adán y presentarse delante de Dios para ser examinado, listo para un veredicto, listo para escuchar instrucciones.

Era ahí donde el sacerdote revisaba cada rincón del cuerpo del leproso para ver si las manchas habían avanzado o mejorado. El leproso no tenía nada más que hacer más que rendirse al veredicto del sacerdote.

Es hora de que nos desnudemos delante de Dios, los frutos no lo engañan a él, no podemos distraerlo ni mucho menos confundirlo.

Como el pábilo que humea, necesitamos volver a vivir.

¿Sabes cómo se prende un pábilo humeante otra vez?

Soplándole despacio.

Eso es lo que Dios hizo al principio, sopló su Espíritu.

Pero el hombre, al pretender ser igual a Dios, exhaló ese soplo, pensando que no lo necesitaba, pensando que podía vivir sin Dios.

Pensando que era igual a Dios. Pero no lo somos.

Necesitamos inhalar ese soplo una vez más, no es tarde.

Y esa es la única forma de recuperar el carácter de Dios en nuestra vida una vez más.

Presentándonos ante él.

Desnudos, y decirle:

Mi Dios, estoy cansado de estarme escondiendo detrás de los frutos que, a veces son pretendidos.

Con todo y vergüenza, desnudo mi identidad delante de ti.

Esperando solo una cosa:

Quiero ser como tú otra vez,

Quiero pensar como tú otra vez.

Sopla tu Espíritu sobre mí.

Sopla tu carácter dentro de mí.

Quiero darle un final feliz a la historia de mi corazón.

Capítulo 13
¿Hasta dónde llegarías?

Y si en la piel hubiere mancha blanca, pero que no pareciere más profunda que la piel, ni el pelo se hubiere vuelto blanco, entonces el sacerdote encerrará al llagado por siete días.

Levíticos 13:4

Había veces que las manchas podrían aparecer por otras circunstancias. Cuando una persona encontraba una mancha blanca en su piel, tenía que ir con el sacerdote para ser examinado.

Si el sacerdote miraba la mancha y se daba cuenta que esta no era más profunda que la piel, entonces era muy precipitado dar un diagnóstico; así que el sacerdote mandaba a la persona que fuera encerrada por siete días para después ver si la mancha desaparecía o empeoraba.

La persona con la mancha en la piel, tenía que apartarse de todos y de todo para esperar a que la mancha tomara el rumbo que debía tomar, ya sea que desapareciera para bien, o creciera para mal.

Hay veces que en nuestra vida comienza a haber pensamientos o actitudes; al principio no les damos importancia, creemos que son "etapas" que deberíamos atravesar, o simplemente no pensamos que podrían afectarnos.

Lo vemos como una pequeña mancha blanca que no es tan profunda.

No está tan dentro de la piel.

No está tan arraigada a mi vida.

No veo en que podría afectar.

Esa manchita blanca, si es lepra, no se queda estática; en cualquier momento comienza a crecer, comienza a tomar profundidad, comienza a ganar terreno; y eso que parecía tan inofensivo, comienza a cambiar nuestra vida, nuestra forma de pensar, nuestra forma de hablar, nuestra forma de actuar.

Cuando esas pequeñas manchitas aparecen en nuestra vida, cuando comenzamos a ver esos "pequeños" cambios, solo hay unas preguntas para nosotros...

¿Hasta dónde llegarías por no dejar que esas actitudes o pensamientos cambien tu vida?

¿Qué estarías dispuesto a hacer para recuperar ese territorio perdido?

¿Hasta dónde llegarías para que Jesús no muera en tu vida?

Hace poco más de dos mil años hubo una persona que tuvo que tomar una decisión de la que dependía la vida de Jesús.

Cuando Jesús nació, le fue revelado a unos magos que había nacido el que había de ser llamado el rey de los judíos. Ellos decidieron ir hasta el lugar donde había de nacer Jesús, guiados por una estrella.

Cuando llegaron a Belén, fueron con Herodes, quien era llamado rey de los judíos en ese tiempo; los magos le dijeron que había nacido el rey de los judíos cerca de ahí, y que ellos habían venido a adorarle.

Y el rey Herodes se enojó al escuchar esta noticia, así que encargó a los magos que fueran a adorarle y de regreso vinieran con él para que le dijeran dónde estaba el "nuevo" rey de los judíos.

Como nunca regresaron a decirle lo que les encargó, el decidió enviar a Belén gente que se encargara de matar a todos los niños que tuvieran la misma edad que Jesús.

Herodes entonces, cuando se vio burlado por los magos, se enojó mucho, y mandó matar a todos los niños menores de dos años que había en Belén y en todos sus alrededores, conforme al tiempo que había inquirido de los magos.

Mateo 2:16

José fue avisado en sueños de lo que ocurriría, y le fue dicho que tomara al niño y a su madre y huyera a Egipto, y que permaneciera ahí hasta recibir nuevas instrucciones.

José tuvo que huir a un lugar que no conocía.
Donde se hablaba un lenguaje diferente al que él hablaba.
Las costumbres eran diferentes.
Tuvo que cruzar un desierto enorme para llegar a ese lugar.
Dejó familia, amistades.
Cambió su sueño, por el sueño de Dios.
¿Todo para qué?
Para que Jesús no muriera.

Poco más de dos mil años después, se sigue repitiendo esa historia; en mi vida, en tu vida.

Cuando nosotros estábamos acostumbrados a cierta forma de vivir, que era todo lo contrario al propósito de Dios, nos estábamos convirtiendo en esclavos, esclavos del pecado, pues un esclavo no tiene voz o decisión, solo hace lo que se le dice, aunque la mayoría de las veces lo hace sin querer hacerlo, solo porque se le ordena.

Y cuando uno es esclavo del pecado, llega al punto en que hace cosas que no quiere, habla de una forma que ni a la persona le gusta, quiere hacer una cosa y termina haciendo otra.

El pecado toma tanto terreno en la vida del que lo practica, que llega el momento que se pierde el control.

Y esa era la vida de nosotros antes de venir a Jesús, estábamos haciendo cosas guiados por la carne, guiados por los instintos, por las necesidades del cuerpo que exigen ser saciados. estábamos convirtiéndonos en esclavos, haciendo lo que no queríamos, practicando cosas que solo nos dañaron.

Y la carne cobró vida y se proclamó rey de nuestra vida.

Cuando Jesús nació dentro de nosotros, el rey no estaba para nada feliz.

Así que tomó una decisión, la misma que tomó Herodes:

"Yo soy el único rey aquí, y si otro rey nace, y quiere tomar mi lugar, me voy a deshacer de él".

Así que, como hace dos mil años atrás, este toma la tarea de tratar de matar a Jesús, ya no en Belén, ahora la pelea está dentro de nuestro corazón.

Y aquí es donde entramos nosotros en escena. Tomando el lugar de José.

Para explicar esto, vamos a ir al capítulo uno de Mateo:

El nacimiento de Jesucristo fue así: estando desposada María su madre con José, antes de que se juntasen, se halló que había concebido del Espíritu Santo.

José su marido, como era justo, y no quería infamarla, quiso dejarla secretamente.

Y pensando él en esto, he aquí un ángel del señor se le apareció en sueños y le dijo: José, hijo de David, no temas recibir a María tu mujer, porque lo que en ella es engendrado, del Espíritu Santo es.

Mateo 1:18-20

Todo nacimiento de Jesús es así: una María y un José.

- María es el corazón, el espíritu; sentimental, necesitado de Dios, dispuesto, no cuestiona.

Cuando se le dijo a María que sería la madre de Jesús, su respuesta fue:

"He aquí la sierva del señor; hágase conmigo conforme a tu palabra."

(Lucas 1:38)

El corazón fue diseñado para buscar de Dios, para ser necesitado de la llenura del Espíritu Santo, cuando se trata de Dios, el corazón no cuestiona, no hace preguntas, solo se rinde.

- José es la mente, el alma, mientras María estaba dispuesta a recibir a Jesús; José estaba "pensando" cómo evadir esa responsabilidad, cómo evitar que eso pasara.

La mente siempre está buscando pretextos para no tener que lidiar con las decisiones del corazón.

Siempre tratando de convencer al corazón de que la decisión de permitir que Jesús nazca, no es compatible con el estilo de vida, con las creencias, con las actividades sociales, etc.

Y la mente hace lo que quería hacer José, huir secretamente.

Evadir, disimular, posponer, darle al corazón una terapia psicológica para hacerlo que se olvide de esas cosas.

Y el alma y el espíritu están como dice el versículo de Mateo 1:18 "Antes de que se juntaran."

Cada uno está por su lado, cada uno tiene sus prioridades, no están de acuerdo en nada... hasta que nace Jesús, y la mente es renovada.

Ahora, volviendo a la historia de Herodes, el mismo José que una vez quiso evadir a Jesús, el mismo José que no quería saber de él, ahora tiene que entrar a la escena, saltar dentro de la historia y salvar a Jesús de que muera por manos del antiguo rey.

Esa es la batalla dentro de la vida cada que nace Jesús en nosotros.

Y José está enfrentando la pregunta:

¿Hasta dónde llegarías por no dejar que Jesús muera?

Es una pregunta para la cabeza.

    Un reto para la mente.

        Una decisión del alma.

            ¿Qué PIENSAS hacer?

José, representando a la inteligencia, tomó una decisión muy inteligente.

"Salió del reino de Herodes". "Huyó a otro reino".

Esa fue la respuesta de José, huyó lo más lejos posible del reino de Herodes, huyó a un lugar donde Herodes no tenía influencia.

Cuando Jesús nace en tu vida, el antiguo rey no estará feliz de que alguien esté tomando su lugar; y él va a hacer lo imposible para lograr deshacerse de él.

La pregunta ahora es para ti: ¿hasta dónde llegarías?

José huyó lo más lejos posible, se olvidó de familia, de amistades, de posición social, de su propia cultura.

El que ama a padre o madre más que a mí, no es digno de mí; el que ama a hijo o hija más que a mí, no es digno de mí;
El que no toma su cruz y sigue en pos de mí, no es digno de mí.
El que halla su vida, la perderá; y el que pierde su vida por causa de mí, la hallará.

Mateo 10:37-39

¿Cuánto tiempo estuvo José fuera del reino y de la influencia de Herodes?
Hasta la muerte de Herodes.
Estuvo lo más lejos de Herodes, hasta que este muriera.
Una vez muerto, la vida de Jesús ya no peligraba.

Pero lejos esté de mí gloriarme, sino en la cruz de nuestro señor Jesucristo, por quien el mundo me es crucificado a mí, y yo al mundo.

Gálatas 6:14

Cuando la vida de Jesús peligraba, José decidió olvidarse de su propia vida, de sus planes, y huyó a otro lugar, aprendió otro idioma, otra cultura, otro estilo de vida, todo por salvar a Jesús.

Jesús nace en el corazón de uno, pero la mente es la que debe ponerse de acuerdo con la nueva vida, el alma necesita ser renovada también.

Tenemos que ser inteligentes, y tomar una decisión.

Sabemos que existe una batalla siempre entre el espíritu y la carne, el espíritu busca las cosas de Dios; la carne solo busca satisfacer sus deseos.

Y el alma está en el medio, la razón, la inteligencia, la mente.

Esta batalla requiere inteligencia, así que dile a tu José que se despierte del sueño y comience a planear el siguiente paso.

Al rey antiguo no le gusta la idea de un nuevo rey en tu vida...

...¿Qué piensas hacer?

Cuando a una persona le aparecía una mancha blanca en su piel, e iba al sacerdote, esta persona estaba dispuesta a ser encerrada por siete días, sin saber nada del mundo, olvidándose absolutamente de todo.

Seguía el procedimiento que se le ordenaba, todo por ser sano, por tener la oportunidad de ser limpio.

¿Tú que estás dispuesto a hacer?

¿Hasta dónde vas a llegar?

Capítulo 14
Nacer otra vez... otra vez

> *Y al séptimo día el sacerdote lo mirará; y si la llaga conserva el mismo aspecto, no habiéndose extendido en la piel, entonces el sacerdote le volverá a encerrar por otros siete días.*
>
> *Levíticos 13:5*

Cuando Jesús le dijo a Nicodemo que tenía que nacer de nuevo, Nicodemo quedó confundido, creyó por un momento que tenía que volver al vientre de su madre y nacer otra vez. (Juan 3)

No entendió lo que Jesús le quería decir.

Bueno, si Nicodemo tuviera que leer este capítulo, creo que terminaría visitando al psiquiatra: ¿nacer otra vez... Otra vez?

> *De modo que si alguno está en Cristo, nueva criatura es; las cosas viejas pasaron; he aquí todas son hechas nuevas.*
>
> 2 Corintios 5:17

Se nos dice que cuando confesamos a Jesús como nuestro señor y salvador, nacemos de nuevo. Tenemos una nueva oportunidad de parte de Dios para comenzar una nueva vida, desde cero.

Todo pecado se nos ha perdonado.
Toda atadura es rota.
Todo el pasado, es borrado de la memoria de Dios.
Dios, ahora nos reconoce como hijos.
Y podemos llamarle padre.
La gracia de Dios.

Lo único que él espera de nosotros es fidelidad. Que tomemos en serio el compromiso con él, y que tratemos de conocerlo, de buscarlo, de acercarnos a él. De ser como él.

Nosotros podemos entender eso, podemos intentarlo, podemos desearlo.

El espíritu está disponible, pero la carne es débil.

Y seguimos intentando. Seguimos peleando. Seguimos caminando.

Nuestra mente puede entender, puede ser renovada, puede ser moldeada.

Pero la carne no quiere ceder.

Nos levantamos, nos sacudimos el polvo, y seguimos.

Hay caídas que dejan heridas, cicatrices, recuerdos.

Vergüenza, confusión, ¿me perdonas?... ¿Otra vez?

Creemos que la vida en Cristo es difícil.

Quisiéramos que existiera una balanza para que pese nuestras obras.

Para sentirnos un poco mejor. Pero esa balanza no existe.

Muchas veces decimos: "si tuviera la oportunidad de nacer otra vez, cambiaría esto, o aquello. No sería así, no haría lo mismo que he hecho."

Se nos da la oportunidad de nacer de nuevo "espiritualmente" y algunas veces seguimos haciendo cosas que hacíamos antes de nacer de nuevo.

¿Qué hace falta? Otro nacimiento. ¿Es posible?

Esta vez, no solo se trata de nacer otra vez.

Se trata de morir para volver a nacer.

Se trata de ser nada, para que Dios sea todo.

Se trata de ser sepultado, de olvidarse de uno mismo.

Hay una historia en la Biblia de un hombre que pasó por este tercer nacimiento, Dios tenía planes con la vida de él, pero él había pasado parte de su vida huyendo de Dios, huyendo de sus planes.

Pero cuando Dios tiene planes para tu vida, déjame decirte que él no va a descansar hasta encontrarte, pasó conmigo.

A este hombre del que quiero hablarte, Dios lo dejó cojeando, pensando: "si vas a seguir huyendo, al menos será a paso lento".

Este hombre es Jacob.

Jacob tuvo su primer nacimiento, nacimiento natural, salió del vientre de su madre:

Cuando se cumplieron sus días para dar a luz, he aquí había gemelos en su vientre.
Y salió el primero rubio, y era todo velludo como una pelliza; y llamaron su nombre Esaú.
Después salió su hermano, trabada su mano al calcañar de Esaú; y fue llamado su nombre Jacob. Y era Isaac de edad de sesenta años cuando ella los dio a luz.

Génesis 25:24-26

Jacob creció, y durante su vida, hizo cosas que no orgullecerían a una persona, y se dedicó a hacerle la vida imposible a su hermano Esaú.

Una ocasión, el padre de Jacob lo envió a un lugar a buscar mujer para casarse.

Y en ese camino, Jacob tuvo una experiencia con Dios, su segundo nacimiento.

Cuando llegó a cierto lugar, llegó la noche, y se quedó dormido; ahí, tuvo un sueño:

Soñó que había una escalera grande, un extremo de ella estaba en el cielo, y el otro extremo estaba en la tierra. Y en el extremo del cielo estaba Dios, y habló con él, le dijo que le daría la tierra en la que estaba acostado, que multiplicaría su descendencia, que estaría con él, y sería su Dios.

Esto es exactamente lo que pasa cuando nacemos de nuevo, Dios se presenta, nos damos cuenta que hay un Dios, que nos conoce por nuestro nombre, que está con nosotros, que se preocupa por nosotros, que le interesamos.

Y aunque no veamos la escalera que miró Jacob, en ese momento, la tierra y el cielo se conectan, y Dios desciende a nuestra vida.

Y Dios nos da la oportunidad de cambiar de vida, de cambiar de rumbo, de comenzar desde cero, de ser diferentes.

Y Jacob hizo lo mismo que hicimos nosotros en ese nuevo nacimiento, levantó un altar a Dios, y le hizo promesas a Dios. Le dijo que si iba con él en su viaje y lo traía con bien de regreso, él le serviría.

Jacob siguió su camino, se casó, estuvo muchos años en un lugar lejano, trabajando para su tío.

Su estilo de vida no dio el giro que se esperaba, Jacob siguió viviendo como quería.

Jacob tuvo otro encuentro con Dios, donde fue lastimada su cadera y comenzó a cojear desde ese día; los hijos de Jacob miraban su estilo de vida, y trataban de imitarlo, haciendo promesas falsas, matando, cobrando venganza.

La vida de Jacob no era la que él esperaba.

La vida de Jacob no era la que Dios tenía planeada, aún.

Tantas cosas ya habían pasado en su vida, y él no entendía que Dios lo quería hacer un príncipe.

Dios quería hacer un príncipe de él, un príncipe reconoce que hay un rey, un príncipe se somete, un príncipe reconoce quien está sentado en el trono, un príncipe conoce su herencia. Y espera, un príncipe sabe mirar hacia arriba. Dios lo quería convertir en Israel, que significa príncipe de Dios.

Jacob quería seguir siendo Jacob. Su nombre significa usurpador. A diferencia de un príncipe, un usurpador quiere el trono, quiere tomar el lugar del rey. Quiere apoderarse de lo que todavía no le pertenece.

Un usurpador no sabe esperar, solo busca la oportunidad de tomar lo que quiere, de apoderarse de lo que tanto desea.

Dios quería que Jacob se multiplicara; pero antes de eso, Jacob tenía que cambiar su forma de vivir, su forma de actuar, tenía que ser moldeado antes de que se multiplicara.

Tenía que ser sanado interiormente para multiplicarse en hijos sanos.

Tenía que ser un ejemplo.

Y Dios nunca se rindió.

Dios nunca se dio por vencido con Jacob.

Dios nunca se resignó.

Dios no tenía que adaptarse a la vida de Jacob, al contrario.

Dios nunca se dará por vencido contigo o conmigo.
El va a encontrar la manera de hacernos voltear hacia arriba.
Y Dios le da la invitación a Jacob:

Levántate y sube a Bet-el

(Génesis 35:1)

¿Qué significaba Bet-el para Jacob?
El lugar donde nació de nuevo, donde tuvo su primer encuentro con Dios, donde supo que había un Dios que lo conocía.
Dios lo invita a ese lugar, a otro encuentro, a un tercer nacimiento.
Le dice: "Quédate ahí; y haz un altar."
No solo vayas de visita, no solo recuerdes la vez que naciste de nuevo, no busques una experiencia igual a esa.
Esta vez se tiene que ofrecer un sacrificio, ya no solo son promesas o juramentos, se requiere un sacrificio, se requiere entregar algo que no se puede reclamar de regreso.
"Haz un altar", la primera vez, Jacob puso la piedra que tenía en su cabecera como señal, como un voto hacia Dios, pero ahora se requería más compromiso que palabras.
"Al Dios que se te apareció cuando huías de tu hermano".
Dios le recuerda el porqué tuvieron ese encuentro la primera vez, le recuerda la necesidad por la cual Jacob necesitaba de Dios.
Lo enfrenta con su pasado, si no nos enfrentamos con nuestro pasado, es difícil tener una visión para el futuro.
No podemos dejar nada pendiente.
No podemos dejar cabos sueltos.
No podemos dejar heridas abiertas.
No podemos dejar las pláticas inconclusas.
Enfrenta el pasado, y queda en paz con él.

Los preparativos para el encuentro:
Entonces Jacob dijo a su familia y a todos los que con él estaban: quitad los dioses ajenos que hay entre vosotros, y limpiaos, y mudad vuestros vestidos.

Génesis 35:2

Cuando Jacob se encontró con Dios la primera vez en Bet-el, estaba solo, no tenía nada, venía huyendo.

Ahora tenía que llevar a su familia, ellos representaban todo lo que había logrado en ese tiempo, en su vida.

Jacob tenía que llevar sus logros al encuentro con Dios. Pero antes de llevarlos, tenía que examinarlos, les dijo: "quiten los dioses ajenos."

Cuando vas al encuentro con Dios, tienes que examinar tus logros, tus pertenencias; y mirar si en ellos hay algo que esté tratando de ocupar el lugar de Dios en tu vida, examina lo que has logrado hasta hoy.

¿Hay algo en ello que te esté quitando el tiempo que deberías darle a Dios?

¿Hay algo que te esté haciendo desviar tu atención de las cosas espirituales?

¿Hay algo a lo que le estés dando más importancia?

¿Hay algo que llames "prioridad" antes que a Dios?

Examina tus logros, quita los dioses ajenos.

"Límpiense, y muden sus vestidos".

En este encuentro con Dios se requiere limpieza. Limpieza interior; confesión, si hay algo que está perturbando nuestra mente, nuestra comunión, nuestra relación con Dios, hay que sacarla, confesarla a Dios y entregarla en sus manos.

Si no hacemos eso, esa mancha se va a ir extendiendo, va a ir ganando territorio en nuestra vida, y esa pequeña mancha se va a convertir en algo que después no se pueda controlar.

Muden sus vestidos, cámbiense la camiseta, el uniforme.

En una carrera, por ejemplo; los cronistas nunca describen a los corredores por su apariencia física.

"En primer lugar va el que tiene el lunar en la mejilla derecha."

"Lo está alcanzando el de pelo ondulado."

"En último lugar va el más alto."

No, los corredores se distinguen por su uniforme, por su camiseta, el número que portan.

Eso es lo que los identifica, la camiseta que se ponen, la vestidura.

Ese es el testimonio de uno, lo que lo diferencia de los demás, nos ponemos la camiseta del equipo y hacemos lo posible por no hacerlo ver mal, por no decepcionarlo.

Si no tienes la camiseta o la vestidura, póntela. Si está sucia, hay que cambiarla por una limpia.

Si has hecho algo por decepcionar al equipo, es tiempo de limpiar eso.

El encuentro.

¿Qué hizo Dios en el encuentro?

Se le apareció otra vez Dios a Jacob. (Génesis 35:9)

En este encuentro, Dios le demostró a Jacob que, a pesar de que Jacob había estado huyendo del compromiso con Dios, a pesar de que Jacob había estado tratando de negociar con Dios para no tener que entregar todo, a pesar de todo eso, Dios seguía siendo fiel, él seguía firme en sus planes, y no se había dado por vencido con Jacob.

Y se encontraron de nuevo, ya no fue un sueño como la primera vez, en esta ocasión, Jacob no tenía que preocuparse de despertar del sueño, pues todo era mucho más real y profundo que la primera experiencia que tuvo con Dios.

"Le cambió el nombre." (Génesis 35:10)

La vez que Dios tocó la cadera de Jacob y lo dejó cojo, le dio un cambio de nombre, pero parece que Jacob no entendió la profundidad de esto y siguió usando su antiguo nombre.

Esta vez Dios le recuerda que su nombre ya no es Jacob, sino Israel, y lo llama por su nombre.

Le llama príncipe de Dios.

A pesar del estilo de vida que Jacob había llevado, a pesar de su pasado, Dios lo llama su príncipe.

Al cambiar su nombre, cambia su propósito en la vida.

Cambia su estilo de vida.

Cambia su forma de ver la vida.

Ya no es usurpador, ahora es príncipe de Dios.

¿Qué tiene que ver todo esto con la lepra?

Las actividades de Jacob se convirtieron en su identidad. Usurpador, engañador, mentiroso, avaro, cuando la gente pensaba en él, lo reconocía por eso.

Lo que hace la lepra es que, cuando la bacteria entra al huésped, va a buscar los lugares más fríos dentro del cuerpo. La punta de la nariz, los lóbulos de las orejas, las puntas de los dedos, etc.

Y esa misma bacteria va cambiando tu rostro, va desfigurando tu imagen, y llega el momento en el que eres irreconocible. Y tu impureza se convierte en tu identidad.

Dios quiere ver su imagen en ti, quiere ver un príncipe, pero la lepra está usurpando eso. La lepra está tomando tu identidad. Cada vez más lejos.

Ese encuentro con Dios, cambió la vida de Jacob, de hecho él tuvo que morir ahí en Bet-el, porque cuando bajó de ese lugar, ya no bajó Jacob, sino Israel, una nueva persona con un nuevo propósito, con nuevas metas y nuevos retos.

Me imagino a jaco... perdón, a Israel bajando de Bet-el, pensando: ¿Por qué estuve huyendo todo este tiempo?

¿Por qué no hice esto desde un principio?... me hubiera ahorrado tantos dolores de cabeza... y de cadera.

En el segundo nacimiento, todo lo espiritual que estaba muerto, comienza a vivir.

En el tercer nacimiento, todo lo carnal que estaba vivo, comienza a morir.

No tienes que pensarlo...

Capítulo 15
Entre capítulos

Así que, hermanos, os ruego por las misericordias de Dios, que presentéis vuestros cuerpos en sacrificio vivo, santo, agradable a Dios, que es vuestro culto racional.

Romanos 12:1

Existe un espacio entre el capítulo 13 y 14 del libro de Levíticos.

El capítulo 13 se enfoca en cómo se debe tratar a una persona que sufre de la impureza de la lepra. Hasta ese tiempo no se sabía qué la ocasionaba, así que no había forma de curarla para el hombre. Se tomaba como una maldición de Dios y se creía que solo él podía curarla.

Solo se observa en éste capítulo como se desterraba a la persona con la impureza fuera del campamento, aislado de la sociedad para evitar que contagiara a alguien más.

El sacerdote tenía que tomarse el tiempo para visitarlos fuera del campamento para ver si había algún progreso o se seguía en la misma condición. ¡Esperar!

El capítulo 14 comienza refiriéndose a las personas que han sido limpiadas de la lepra.

Falta la parte donde menciona la solución, donde nos dice lo que podemos hacer para ser limpios.

¿Que hay de los métodos? ¿Dónde quedan las recetas? ¿Qué hay de los consejos de los demás? ¿no ayuda la experiencia? ¿Dónde está el hombre con su ingenio para salir de este problema? ¿Será que se olvidaron de escribir este versículo entre los capítulos que daría un destello de luz en la oscuridad, que le diría a la persona dentro de un pantano cómo salir de ahí y levantar tus brazos en victoria?

Parece que la forma en que se limpia la lepra es un misterio, ya que solo vemos cómo reaccionar ante la lepra y cómo publicar que ya eres sano.

Como es una "maldición" del cielo, sólo puede venir de ahí mismo la solución.

Así que cuando una persona creía que era sana, hacía una cita con el sacerdote fuera del campamento para ser examinado. La persona no tiene permitido entrar al campamento. Hay una línea divisoria, un límite que no puede ser cruzado, sería fatal. Solo el sacerdote tiene permitido cruzar esa línea para entrar al territorio del hombre enfermo.

La persona tiene que descubrir su piel para exponer el lugar donde un día existió la llaga. Es revisado por el sacerdote. Y si este cree que en realidad es sano, lo manda a hacer cierta ceremonia para celebrar, agradecer a Dios y hacer pública su sanidad para ser reincorporado a la sociedad ya que solo el sacerdote podía llevarlo de regreso y con sus propias palabras debía declararlo limpio para que los demás le creyeran.

¿Recuerdas la introducción al libro, el leproso que fue sanado por Jesús?

Jesús mismo le dijo que no fuera a decirle a la gente que ya era sano, ese era trabajo del sacerdote. Solo debía cumplir con la ceremonia y dejar ser examinado como evidencia para el sacerdote y ser reincorporado a la sociedad.

Cuando era declarado sano, este debía traer unos animales para ofrecer en sacrificio a Dios.

Se le pedían tres corderos, para ofrecer como sacrificio, holocausto y ofrenda.

Uno en sacrificio de expiación por el pecado, y el otro en holocausto, además de la ofrenda; y hará el sacerdote expiación por el que se ha de purificar, delante de Jehová.

Levíticos 14:31

Esta persona llevaba los animales delante del sacerdote para que éste hiciera la ceremonia. Y después de esto, el sacerdote lo llevaba a la puerta del tabernáculo para decirle a la gente del pueblo que esta persona estaba completamente sana y que por lo tanto, podía ser reincorporada a la sociedad. Ahora la gente estaba convencida a través de la evidencia del sacerdote que este hombre era nuevo, era diferente, y ahora, parte de ellos.

El peligro de esquivar todo esto, podría ser que la persona que había sido limpiada, si entraba sin la evidencia que era el permiso del sacerdote, podía ocasionar que la gente no confiara en su historia o su versión de los hechos porque no había cumplido la ceremonia correspondiente. La gente lo seguiría tratando como un leproso.

Hay una historia en el libro de Mateo capítulo 26 acerca de un hombre al que Jesús visitó, al que la gente le apodaba "el leproso". La gente lo distinguía por su pasado, lo identificaban con su antigua condición. Por alguna razón le querían seguir recordando lo que fue.

Además, si la gente los miraba socializando, podían tomar la decisión de castigarlo o hasta apedrearlo por exponerlos a ellos a su contaminación porque ellos no habían recibido la información de parte del sacerdote.

¿Alguna vez te has visto en esta situación? ¿Alguna vez has sentido que la gente no cree lo que dices que eres, que te quieren seguir etiquetando por tu pasado?

El punto es que la gente está cansada de las palabras, ellos quieren ver hechos, quieren evidencia de lo que dices ser. Quieren que lo que dices vaya de la mano con tu forma de vivir.

Si no hay evidencia, no será posible que los demás vean lo que tú pretendes mostrar.

La gente va a seguir queriéndote etiquetar hasta que muestres evidencia de algo diferente.

Pero el único que puede dar esa evidencia es el sacerdote.

Por tanto, teniendo un gran sumo sacerdote que traspasó los cielos, Jesús el hijo de Dios, retengamos nuestra profesión.

Hebreos 4:15

Así es que tenemos un sacerdote que puede dar evidencia de que hemos sido limpios, de que somos diferentes. Jesús, el mismo que nos limpió, puede también decirles a ellos que no soy el mismo. Suena muy bueno para ser verdad. El pequeño detalle es que él va a hacer eso a través de ti. Solo tú puedes mostrar esa evidencia.

Y como en la ceremonia del libro de levíticos para que el sacerdote pudiera dar esa evidencia, la persona que había sido sanada debía traer algo al sacerdote para ser entregado a Dios.

¿Recuerdas los tres corderos que eran traídos para ser entregados?

Obvio que no se te está pidiendo que traigas algo así a Dios en estos días, pero detrás de estos sacrificios hay un gran simbolismo para nosotros.

Antes de entrar en eso, porque no le preguntamos a Dios que es lo que él piensa acerca del pecado o de esa hambre que a veces tenemos por hacer lo que no queremos para luego terminar preguntándonos: ¿Por qué lo hice?

Sección 4
Sacrificio, Holocausto, y Ofrenda

Capítulo 16
¿Qué haces con tu animal?

Si hicieres bien, ¿no serás enaltecido? Y si no hicieres bien, el pecado está a la puerta; con todo esto, a ti será su deseo y tú te enseñorearás de él.

Génesis 4:7

Esta es otra de las ocasiones en las que Dios da su punto de vista acerca del pecado. ¿Recuerdas el capítulo 5? Dios menciona el pecado como un caminante que viene de paso y que se puede convertir en un huésped.

Vamos al principio de la historia. Tenemos a Adán y Eva viviendo fuera del paraíso por la decisión que tomaron de querer el control de todo y sacar a Dios del panorama.

Tienen dos hijos, Caín y Abel. Abel se dedica a pastorear ovejas. Rodeado de animales la mayoría del tiempo, tiene que alimentarlos, guiarlos, cuidar que se mantengan dentro del perímetro que Abel ha designado. Ellos hacen lo que Abel dice.

Caín, por el otro lado, se dedica a labrar la tierra. Preparar la tierra, sembrar la semilla, esperar, proteger, seguir esperando.

Un día, los dos vienen a presentar una ofrenda a Dios. Abel, trae lo mejor de sus ovejas. Caín trajo el fruto de la tierra, de lo que ha cosechado.

Parece que las intenciones detrás de la ofrenda afectaron la forma en que Dios las recibió.

De modo que aceptó mejor la ofrenda de animales que ofreció Abel.

Caín se dio cuenta de lo que estaba ocurriendo y en lugar de mejorar su actitud o su relación con Dios, prefirió guardar rencor en contra de Abel. Solo él sabía todo lo que pasaba por su cabeza cada vez que miraba o recordaba a Abel. Todo lo que maquinaba o se imaginaba. Así que Dios se dio cuenta de lo que estaba ocurriendo y habló con Caín para hacerlo recapacitar y reconstruir lo que se estaba perdiendo.

Esto lo podemos leer en el capítulo 4 del libro de Génesis.

Dios le dice a Caín que si hace lo bueno, que si sus pensamientos son positivos, que si se dedica a hacer lo correcto, su conciencia estará tranquila y podrá caminar con la cabeza en alto sabiendo que no tiene nada que esconder. Pero cada vez que le presta atención a pensamientos o sentimientos que no edifican, es como si dentro de él estuviera despertando un animal, los instintos, los está alimentando, haciéndolos más fuertes al punto que este animal estará al acecho, esperando la oportunidad para atacar, para dominar, para controlar. Y entre más fuertes los hagamos a estos instintos, menos oportunidad tendremos para ganar esa batalla.

Pero me gusta lo que Dios dice al final del verso siete de Génesis cuatro, dice que aunque este animal esté acechando a la puerta para salir a hacer daño, nosotros podemos dominarlo.

Esa bestia a la que tanto le llegamos a temer, la que después de revolcarnos, nos deja pensando porque o cuando cedimos a ella que ni nos dimos cuenta, esa bestia feroz, puede convertirse en nuestra mascota.

Muchos lo llaman pecado, otros naturaleza humana, la carne, los instintos, el lado oscuro, los impulsos de los instintos (ID), la maldad, la sombra…

El apóstol Pablo lo describe en Romanos 7 como si fuera alguien más viviendo dentro de nosotros. Como si todos nuestros hábitos llegaran a cobrar vida dentro de nosotros al punto de tomar decisiones y muchas veces, hasta el control.

En esta historia de Caín y Abel, Dios interviene para hacernos saber lo que él piensa del pecado. Dios lo exhibe como el animal, algo o alguien que no razona, que no entiende lo que es no, que solo busca satisfacción, solo busca saciarse sin importar las consecuencias, sin importar quien salga lastimado.

El punto es que, por más que te esfuerces para hacer lo bueno, para comportarte, siempre va a estar este impulso presente, hambriento, para hacerte caer, para empujarte a hacer lo último que quisieras en ese momento.

Entonces, ¿en que nos enfocamos? Cada vez que la biblia menciona la palabra fruto, simbólicamente se está refiriendo a acciones, a cosechar lo que has sembrado. Consecuencias. Resultados.

Eso es lo que hacía Caín, cosechar frutos.

Es como si nuestra prioridad fuera enfocarnos en buen comportamiento, en hechos. Si fuera así y hoy nos preguntaran si esto nos ha funcionado, ¿cuál sería la respuesta?

Siendo sinceros, no creo yo (y lo digo por experiencia) que esa forma de vida funcione.

Es imposible pasar un momento sin que ese animal dentro de nosotros no se de a notar que está presente. Ya sea por un pensamiento negativo, una actitud incorrecta, una reacción que pinte una línea de nuestro territorio como los animales. ¿Cuántas veces hemos intentado cosechar frutos de un corazón duro, de un corazón lastimado, de un corazón pervertido?

Es imposible que una tierra contaminada nos de los mejores frutos. Y el problema es que toda nuestra vida nos hemos enfocado en mejorar el fruto, pero el problema no es el fruto, el problema está en la raíz, en el corazón.

Por otro lado tenemos a Abel, su prioridad era controlar a los animales, convertirlos en mascotas, en siervos, que hagan lo que uno dice, mostrar quien está en control.

Domar al animal, como lo dice Dios mismo cuando habla con Caín; sí, el animal está al acecho, pero tú puedes dominarlo. Entonces, Dios está diciendo que es posible.

Así que vamos a olvidarnos de los frutos y vamos a la raíz.

Vamos a dejar de intentar actuar diferente, de hablar diferente.

Vamos a reordenar nuestra vida, nuestras prioridades, nuestro alimento.

Para esto debemos recordar que estamos formados de espíritu, alma y cuerpo.

Tomando en cuenta que el espíritu es la parte moral de nosotros, la parte que nos une a lo ético y lo religioso, es decir, a la búsqueda de algo o alguien a quien adorar o rendirle culto.

Los animales no cuentan con un espíritu, de ahí el nombre "animal" que proviene de la palabra ánima, que del latín se traduce como alma, esta tiene la función de conectarnos al mundo material a través del cuerpo y los cinco sentidos, la razón y los instintos.

Y esta misma alma nos conecta al mundo espiritual, obviamente, a través del espíritu.

Sin espíritu, es imposible la búsqueda de Dios. Así que el primer paso para domar al animal es algo que lo contrarreste, algo que ponga un balance, un rival que le de pelea.

Una vez que comienzas a alimentar el espíritu, que lo despiertas, entonces comenzarás a debilitar al animal. Como dijimos antes, sin esforzarnos por cambiarlo o domarlo, simplemente los intereses comienzan a cambiar. Las prioridades se reagrupan.

Esa parte que te conecta con Dios, contra los instintos más bajos que te puedes imaginar.

Un balance.

Cuenta la historia de Caín y Abel que cuando los dos se presentaron a ofrecer su sacrificio, Dios se agradó más de que uno reconociera que el animal pertenece a los pies de Dios siendo consumido, que tratar de conseguir fruto uno mismo. Tratar de cosechar lo que uno siembra para querer impresionar a Dios y querer convencerlo que uno puede ser bueno por su propia cuenta, sin la ayuda de alguien superior a nosotros. Valiosa lección.

Pero para saber como se sacrifica el animal delante de Dios necesitamos ver el simbolismo de los sacrificios que se pedían de las personas que eran limpiadas de la lepra.

Capítulo 17
El porqué de la cruz

De cierto, de cierto os digo, que si el grano de trigo no cae en la tierra y muere, queda sólo; pero si muere, lleva mucho fruto.

Juan 12:24

Jesús dijo: El que quiera seguirme tome su cruz cada día... (Marcos 8:34)

Durante mucho tiempo, leí este pasaje pero nunca entendí porque tenía que tomar una cruz.

Una ocasión, leyendo el pasaje de la crucifixión, me topé con la respuesta:

Y él, cargando su cruz, salió al lugar llamado de la calavera... y ahí lo crucificaron...

(Juan 19:17-18)

Cargar una cruz, para que en su momento, nos detengamos y subamos a ella, dispuestos a morir. pero antes de morir en una cruz, Jesús tenia que ser exhibido delante de multitudes cargando ese dispositivo de tortura. la cruz representaba maldición.

Cristo nos redimió de la maldición de la ley, hecho por nosotros maldición (porque escrito está: Maldito todo aquel que es colgado en un madero) Gálatas 3:13

Así que Jesús tuvo que cargar con algo que representaba maldición, para que todos lo miraran. Esto me lleva al leproso, de la misma manera, él estaba condenado a cargar con un vestido que lo distinguía como maldito por Dios. (se creía que la lepra era maldición de Dios porque se desconocía de dónde provenía y cómo tratarla). y a donde quiera que llegara, tenía que exhibir su condición. Aparte de estar vestido así, tenía que gritar que no estaba limpio para que nadie se le acercara.

Antes de seguir hablando de la cruz, debemos entender lo que es un sacrificio.

Un sacrificio es algo que, una vez que entregas, ya no puedes reclamarlo de regreso.

Una vez que lo entregas, ya no es tuyo. Das algo muy preciado, algo de mucho valor para ti, para que tome tu lugar y que tu tengas una segunda oportunidad.

Desde el comienzo de la historia se constituyeron sacrificios para obtener perdón por los errores que se hayan cometido. La paga del pecado es la muerte, así que alguien tenía que pagar por ese error con su vida para que Dios se olvidara de lo que hiciste.

Y a través de la historia, cada vez que una persona cometía un error, tenía que ofrecer algo valioso para borrar eso de la historia y comenzar de nuevo. Esos sacrificios cubrían el error pero no cambiaban el corazón de la persona. el fruto seguía siendo el mismo, se necesitaba atacar la raíz para cambiar el fruto. Todos esos sacrificios, solo eran sombras que apuntaban al último sacrificio, Dios muriendo por su creación.

Dios tuvo una idea, si él entregaba el sacrificio para cubrir los errores de la humanidad, eso cambiaría su mentalidad, eso los haría reflexionar y su corazón sería renovado.

Así que se hizo hombre, y vino a la tierra a pagar por la culpa de la humanidad.

En lo que estaba en la tierra, enseñaba cómo vivir, no solo consejos, sino ejemplo.

Y cuando llegó el momento del sacrificio, la hora en la que había de entregarse, estaba esperando que vinieran por él...

Tuvo tiempo para meditar, repasar su vida, repasar su propósito, y al final de su meditación, cuando dijo: Sea como tú quieras... en ese momento Jesús murió.

Dejó de ser Jesús para convertirse en el cordero que sería entregado en sacrificio.

En ese momento se rindió al propósito para el que había venido.

Renunció a su vida, a él mismo, por nosotros.

El mundo había encontrado su cordero expiatorio.

Dios mismo tenía su sacrificio que lo calmaría después de ver a la humanidad en acción.

Se comenzaba a ver una luz al final del camino.

El cielo y la tierra estaban por abrazarse de nuevo, como al principio.

Pero cuando Dios exigía un sacrificio, siempre pedía un animal perfecto, sin defectos.

Era momento de examinar el sacrificio para verificar que era perfecto.

Y lo llevaron con diferentes personas para examinarlo, y nadie pudo encontrar ningún defecto en él. Nadie sabía de qué acusarlo.

Incluso Pilato, después de interrogarlo, se lavó las manos y dijo que no había encontrado ninguna falta en él. El sacrificio fue inspeccionado, y fue encontrado sin defecto...

...El grano de trigo iba a caer en la tierra para dar fruto, morir para que alguien mas tenga vida.

Hemos vivido una vida tratando de dar fruto que los demás puedan ver.

Pretendiendo ser alguien más. Por fuera aparentamos ser algo más, pero solo Dios puede revisar nuestro corazón para saber lo que en realidad somos. Ni siquiera nosotros mismos podemos hacer eso porque vamos a negar la verdad, vamos a crear una nueva realidad basada en fantasía.

La única forma de cambiar el fruto que damos es cambiando la raíz.

Una ocasión, Jesús le dijo a una multitud: Es hora de comenzar a dar fruto digno de arrepentimiento, no pretenderlo, que salga desde la raíz.

Le dijo a unos soldados: No extorsionen a la gente, ni los calumnien. (Al parecer era lo que identificaba a los soldados en ese tiempo, abusar de la gente) era la etiqueta que llevaban cargando en el cuello.

A la gente les dijo: Compartan lo que tienen, no sean egoístas. (Es lo último en lo que podemos pensar, compartir).

A los cobradores de impuestos les decía: No exijan más de lo que deberían.

En otras palabras: Dejen de ser quien son. Quítense las etiquetas. Deshágase de lo que los define. Hagan cosas diferentes. Sean algo más. Renuncien a ustedes mismos.

No hay manera que podamos cambiar quien somos sin un trasplante de corazón.

Sin trabajar desde la raíz. No podemos sacar uvas de los espinos.

Y de la misma manera que Jesús tomó nuestro lugar como sacrificio, nuestra maldición, a cambio nos ofrece su corazón, su mente. Lo único que pide a cambio es que estemos dispuestos a subir a la cruz. (Anteriormente mencioné que para conseguir la salvación y el perdón Jesús no te pide nada a cambio. Esto no se trata ya de conseguir eso, se trata de conseguir un cambio de mentalidad, un cambio de vida).

Que estemos dispuestos a morir, a dejar de ser nosotros mismos.

Y yo, si fuere levantado de la tierra, a todos atraeré a mí mismo.
Y decía esto dando a entender de qué muerte iba a morir.
Juan 12:32-33

Estaba hablando de la cruz. Es ese el lugar donde nos encontraría, donde se nos ofrece la segunda oportunidad. El lugar más bajo al que él puede llegar: Convertirse en maldición por nosotros, tomar nuestro lugar.

El lugar más alto al que podemos llegar, porque una vez que estemos dispuestos a subir a la cruz, no bajaremos siendo los mismos.

Se requiere rendición, como el leproso cuando se encontró con Jesús...

Y ahí está el leproso, frente a Jesús, rendido, diciéndole: Si tú quieres puedes limpiarme. Dispuesto a ser alguien más, dispuesto a renunciar a su vida para tener una muy diferente.

Ahí es donde comienza la vida, a los pies de Jesús, no hay nada que perder, el leproso lo sabe.

Ahí estoy yo, al pie de la cruz, hay espacio para mí, solo requiere una decisión.

¿Estoy dispuesto a morir para ser alguien más?

Recuerdo la historia de Abraham, cuando Dios le pidió a su hijo en sacrificio, lo que más quería en la vida, lo más valioso que tenía. Abraham aceptó, y estuvo dispuesto a renunciar a lo más valioso, pero en el momento que estaba listo para el sacrificio, Dios proveyó con un animal que tomaría el lugar de su hijo.

De la misma manera, yo estoy parado frente a la cruz. Jesús invitándome a subir.

Pero yo volteo a los lados buscando un sustituto como el que tuvo Abraham y no tener que ser yo el que muera. Un animal que quiera tomar mi lugar como sacrificio.

Alguien que me grite: Detente, yo subo por ti.

Pero todo lo que escucho es silencio. Parece que esta vez no hay sustitutos. No hay atajos. No hay negociaciones. No hay otro camino. Tengo que subir. Tengo que morir.

Ahora yo soy el grano de trigo que tiene que estar dispuesto a caer en la tierra y desaparecer para poder dar fruto, para exhibir mi nueva vida, para dar evidencia.

Muchas veces rompí su corazón, yendo al camino contrario del que él me señalaba.

Ahora es su turno de romper el mío, yendo a donde yo no quiero ir.

Él dejó de ser él por mí. Es mi turno de dejar de ser yo para hacerme como él.

Hice lo que él no quería toda mi vida, es su turno de hacer con mi vida lo que yo no quiero.

Esta vez no hay sustitutos.

Yo, como el leproso, deseo una vida nueva, una nueva perspectiva, un nuevo propósito, un nuevo yo. Todo comienza a los pies de Jesús, al pie de la cruz. Rendido.

Diciéndole como el leproso: Yo quiero algo, pero no importa, es lo que tú quieras.

Diciendo como Jesús la noche antes de la crucifixión: Padre, no es como yo quiera, es como tú quieras.

Un sacrificio requería un animal, ¿recuerdas lo que Dios le dijo a Caín después de matar a Abel? Dentro de ti hay un animal que está al acecho, para hacer lo que no quieres...

Creo que encontré un animal que puedo sacrificar, pero como está dentro de mí, no veo como sacrificarlo sin salir afectado...

Como está dentro de mí, no veo como subirlo a la cruz sin tener que subir yo con él...

Por más vueltas que le dé a este asunto, llegué a una conclusión: No hay sustitutos.

He cargado mi cruz para este momento.

Es hora de subir. Es hora de morir.

Capítulo 18
La nueva aldea

Digo, pues:
Andad en el Espíritu, y no satisfagáis los deseos
de la carne.

Gálatas 5:16

¿Recuerdas el capítulo 7? El sistema inmunológico que tenemos es el espíritu. Este y la carne o el animal siempre están peleando por ser el alfa de la aldea.

Si el espíritu se enferma, el animal quiere tener el control.

Porque el deseo de la carne es contra el Espíritu, y el del Espíritu es contra la carne; y estos se oponen entre sí, para que no hagáis lo que quieres.

Gálatas 5:17

El espíritu y el animal no son compatibles. tienen intereses muy diferentes. si el alma o la razón no estuviera en el medio, como balanza, sería un desastre.

Un animal carece de espíritu, ellos no recibieron el soplo de Dios que recibió el ser humano.

Como ejemplo tenemos una historia que se encuentra en Marcos capítulo 5.

Se habla de un hombre que tenía espíritu inmundo (verso 8).

Se había dejado influenciar por algo más hasta el punto en que perdió su identidad.

Ya no era él, ahora actuaba como un animal. Andaba desnudo, vivía en un cementerio.

El cuerpo humano está diseñado para hospedar un espíritu. Los animales son seres vivos que viven de instintos, pueden ser introvertidos, extrovertidos, listos, no tan listos, gruñones, juguetones... pero no vas a toparse con animales meditando, orando, en busca de lo eterno, preocupados por su comportamiento. Eso está en el espíritu.

Este hombre que vivía en un cementerio se topó con Jesús un día, y tuvo una conversación con él, esta plática terminó con un exorcismo; cerca de ahí había un grupo de dos mil cerdos, los espíritus le dicen a Jesús que los deje entrar en los cerdos, él lo permite, y los espíritus fueron a los cerdos. Ahora, cuando estos espíritus tuvieron la plática con Jesús dijeron que su nombre era legión, una legión de soldados era de seis mil soldados. (para que no queden dudas de la capacidad de hospedaje del cuerpo humano).

Según mis matemáticas, seis mil espíritus entre dos mil cerdos es igual a tres espíritus por cerdo. ¿Sabes qué hicieron los cerdos? se precipitaron a un despeñadero.

Se quitaron la vida. Todo esto para demostrar cómo el espíritu y el animal no son compatibles. Uno de los dos tiene que ceder.

Sabiendo esto, que nuestro viejo hombre fue crucificado juntamente con él, para que el cuerpo de pecado sea destruido, a fin de que no sirvamos más al pecado.

Romanos 6:6

Una vez que decidimos dar ese animal como sacrificio, a cambio, nuestro espíritu es despertado, es sano, y la aldea reorganiza jerarquías, reevalúa prioridades.

La aldea somos nosotros, dentro viven Lázaro y sus dos hermanas.

Lázaro es el espíritu, María es el alma, y Marta es la carne o cuerpo. (capítulo 7)

Cuando Lázaro estaba enfermo, en la biblia se menciona que la aldea era de María y Marta.

Tomaron el control.

Cuando entró Jesús en esa aldea y sacó a Lázaro de la tumba, la aldea se organizó:

Seis días antes de la pascua, vino Jesús a Betania, donde estaba Lázaro, el que había estado muerto, y a quien Jesús había resucitado de los muertos.

Juan 12:1

Ahora, ya no se menciona como la aldea de María y Marta, una vez que Lázaro es levantado, toma posesión, y ahora es la aldea de Lázaro.

Jesús entra en la casa de Lázaro, se sienta a la mesa, y cena con ellos.

Lázaro está sentado con Jesús, los dos comiendo, platicando, conviviendo.

Marta les está sirviendo, está enfocada en ellos.

La primera vez se menciona a Marta afanada por muchos quehaceres. Queriendo abarcar muchas áreas, ansiedad por terminar muchas tareas al mismo tiempo.

Enfocada en mantener todo en orden cuando Jesús estaba dentro de la casa, perdiéndose de la mejor parte.

Me la imagino preocupada por que Jesús viera todo en orden, todo limpio.

Como cuando intentamos acomodar nuestra aldea por nuestra propia fuerza. Como cuando queremos vivir cargando dos piedras escritas con leyes, llevando el peso de ellas en nuestra espalda.

Ahora, Marta les sirve solo a ellos. Está enfocada en que Lázaro sea alimentado y que Jesús tenga la mejor experiencia de su vida cuando viene de visita a la aldea.

María está sentada a los pies de Jesús, abriendo un perfume, y derramándolo a los pies de Jesús. Dando lo que consideraba que tenía de mucho valor. Poniéndolo a sus pies, y escuchándolo, aprendiendo.

Ahora que el espíritu está vivo, todo está en orden dentro de la casa. Pero este cambio de prioridades, este nuevo estilo de vida, tiene sus consecuencias.

Gran multitud de los judíos supieron entonces que él estaba ahí, y vinieron, no solamente por causa de Jesús, sino también para ver a Lázaro, a quien había resucitado de los muertos.

Juan 12:9

Tu nuevo estilo de vida puede ser de atracción para que otras personas quieran experimentar lo mismo que tú. Para que otras personas se acerquen a Dios y cambien su vida también. La gente va a comenzar a mirarte, a leerte, puedes convertirte en el puente para que otros vengan a Jesús. Puedes comenzar a hablar de tu experiencia o solo actuar, sin tener que decir nada. Es aquí donde dejas de esforzarte, solo te rindes.

Este es exactamente el momento en el que presentas el sacrificio que ordenó Moisés, cuando eres limpio de la lepra, y el sacerdote mismo te saca delante de todos y te proclama limpio de la lepra. Cuando los hechos hablan por ti.

La gente ve algo diferente, y eso provoca curiosidad.

Es lo que pasó con Jesús durante su vida, el hecho de actuar diferente, de hablar diferente, de mostrar diferentes prioridades, hizo que multitudes siempre lo siguieran. Que la gente estuviera al pendiente de lo que haría.

Esto me lleva a la otra consecuencia de mostrar al mundo tu nueva vida.

Pero los principales sacerdotes acordaron dar muerte también a Lázaro, porque a causa de él muchos de los judíos se apartaban y creían en Jesús.
Juan 12:10-11

Otro de los efectos que trae esta nueva vida es que mucha gente no va a estar de acuerdo con el hecho de que vayas en sentido contrario a los demás.

Solo el hecho de pensar diferente, va a provocar que las personas se molesten contigo.

y muchos van a tratar de apagar el espíritu, de matar a Lázaro.

De hecho ese fue el "error" de Jesús, ir en contra de la corriente.

Eso lo llevó a que mucha gente lo observara sólo esperando que cometiera un error para poder demostrarle que no era lo que él pensaba ser.

Lo que él proclamaba ser.

No importa lo que muestres, aun así la gente va a esperar con paciencia a que resbales.

Si esto le pasó a Jesús, imagínate a sus seguidores.

Lo llevaron a juicio para demostrar que estaba mal, pero después de varios juicios, encontraron que era inocente... tuvieron que calumniar, tuvieron inventar algo para poder juzgarlo, para poder matarlo.

Es una gran responsabilidad ir en contra de la corriente, ir en contra del mundo, del sistema de valores del mundo.

Muchos te van a ver como guía a otro estilo de vida, para mostrar que puedes ser mejor, (no mejor que otros, sino mejor que tu versión de ayer).

Otros no van a querer que les muestres un mejor camino, no van a querer saber de una vida mejor, y van a querer matar a Lázaro, apagar el espíritu.

¿Estás listo para eso?

Jesús dijo: el que quiera venir tras de mí... tome su cruz cada día...

                        ...Sacrificio...

Capítulo 19
El clamor del mundo

Estos, pues, se acercaron a Felipe, que era de Betsaida de Galilea, y le rogaron, diciendo: señor, Quisiéramos ver a Jesús.

Juan 12:21

Después que Jesús resucitó a Lázaro, se hizo una revolución en aquella región.

Todos hablaban de Jesús y de Lázaro.

Todos querían mirarlos, claro, por diferentes motivos. Jesús sale de esa región y va a Jerusalén, y mucha gente ya está esperando para mirar a la persona que le dio vida a Lázaro.

En el transcurso de la vida de Jesús, mucha gente se acercó a él por diferentes motivos, muchos por hambre, otros por curiosidad, otros por morbo, otros por escuchar algo diferente, otros por ver algo diferente. No importa el motivo, lo que importa es que ya estamos aquí. Todos tenemos diferentes intereses pero Dios solo tiene un interés.

Todos esperamos encontrar algo en este camino, pero Dios tiene una meta para los que lo sigan, y eso es lo que veremos en este capítulo.

Estaban en una fiesta Jesús y sus discípulos, y llegaron unas personas, querían ver a Jesús, y la persona más cercana a eso era un seguidor de él, Felipe. Así que llegaron ellos y le dijeron: Señor, queremos ver a Jesús.

Este es el clamor del mundo, la gente quiere ver algo diferente, quiere experimentar a Dios, quieren una experiencia que los haga cambiar, no solo de opinión, sino de estilo de vida.

El mundo está lleno de diferentes opiniones, de diferentes religiones, de sectas, de doctrinas, de denominaciones, todos profesando ser el camino a Dios, todos proclamando ser la verdad. Y el mundo está en el medio, confundido, desesperado, hambriento, escuchando solo palabras, es tiempo de dar evidencia, de mostrar hechos, el mundo quiere ver a Jesús.

En medio del mundo y de Jesús, está Felipe, con la responsabilidad de llevar esta gente a que lo vean. De mostrarles a Jesús, ellos no quieren ver a Felipe.

Felipe le da el mensaje a Andrés (otro de los discípulos), y los dos van a darle el mensaje a Jesús. El está dispuesto a que lo vean.

Pero vamos a darles un descanso a Felipe y a Andrés, vamos a quitarlos de en medio, es demasiada la responsabilidad para ellos el saber que la gente no los quiere ver a ellos, que a la gente no le interesa ver lo que ven todos los días, ellos buscan algo diferente.

¿Por qué no los quitamos del medio y nos ponemos nosotros ahí?

Ese es el interés de Dios para los que lo siguen, que desaparezcamos para que el mundo vea a Jesús a través de nosotros, ser transparentes, dejar de ser nosotros.

Cuando Jesús comenzó su ministerio, fue con Juan el bautista para ser bautizado por él.

Cuando Juan lo bautizó, le dijo a los que estaban alrededor quién era Jesús.

Así que mucha gente comenzó a seguirlo. Ese es el punto de proclamar a Jesús, hacerte a un lado para que la gente lo vea a él, desaparecer para que él aparezca.

El mundo no nos quiere ver a nosotros.

Cuando Jesús comenzó a ser conocido y multitudes lo seguían, los discípulos de Juan le fueron a decir lo que Jesús estaba haciendo, y Juan contestó: Es necesario que él crezca y que yo me haga menos. (Juan 3:30).

Esto me recuerda al leproso, cuando Jesús lo limpió, le dijo que antes de decirle a los demás lo que había ocurrido, tenía que ir y presentar la ofrenda que ordenó Moisés.

Una de las ofrendas era un holocausto, la palabra holocausto es griego y significa: quemar completamente. Eso es lo que se hacía con el segundo animal que se había pedido para el sacrificio por la lepra, el primero era sacrificio y el segundo holocausto, se tenía que quemar completamente hasta convertirse en cenizas, hasta desaparecer.

Ese es el simbolismo detrás del holocausto: Conviértete en nada para que él sea todo.

Cuando Felipe y Andrés le fueron a decir a Jesús que había un grupo de gente buscándolo, Jesús contestó:

1. Es hora de que el hijo del hombre sea glorificado. (Juan 12:23)

La hora había llegado en que Jesús debía ser levantado, su nombre sería reconocido. Al decir su nombre, me refiero a su reputación. Hoy, la forma en que Jesús es levantado es a través de sus seguidores, de los que se proclaman copias de él al llevar su nombre como etiqueta. Es una gran responsabilidad.

El único nombre que nos debería preocupar por levantar es el de Jesús. Que todo lo que hagamos y digamos apunte a él, ya no se trata de nosotros.

2. El grano de trigo debe morir para dar fruto. (Juan 12:24)

Para que una semilla o un grano pueda convertirse en una nueva planta y dar fruto, debe estar dispuesta a caer en la tierra y morir, debe estar dispuesta a desprenderse de lo que la mantiene con alimento, puesto que está siendo alimentada con un propósito: Convertirse en algo más que una semilla. Hay un propósito mucho más grande.

Desaparecer para que él aparezca.

Estar dispuestos a callar para que él hable.

Dejar de reaccionar para que él accione.

¿Por qué no? dejar de vivir para que él viva.

Hace tiempo estaba tratando de instalar una aplicación en una tableta, pero para poder hacerlo, me pedía acceso a diferentes áreas del dispositivo, si yo creía que era riesgoso, no le daba acceso. Al final, cuando terminó de instalarla, no era lo que estaba esperando, peor aún, no era lo que se había prometido en la publicidad. ¿Por qué prometieron algo que al final no sería lo que yo obtendría? ¿Qué salió mal?

El problema no está en la aplicación, sino en el hecho de que no le di acceso a las áreas que necesitaba adaptar al nuevo programa. Es exactamente lo mismo con nuestra vida, si queremos un cambio, debemos estar dispuestos a darle acceso a Dios en las áreas de nuestra vida que necesitan ser moldeadas para el nuevo estilo de vida. Si elegimos que entregar y que no, no obtendremos los resultados que se nos ofrecen.

Desaparecer para que el mundo pueda ver a Jesús.

¿Recuerdas a Juan el bautista? Él entendió el mensaje de Jesús, decidió desaparecer para que Jesús hiciera lo que tenía que hacer. Incluso sus discípulos lo dejaron a él para seguir a Jesús, y él estuvo de acuerdo con eso.

¿Recuerdas a Andrés? Él era uno de los discípulos de Juan, que después decidió seguir a Jesús. Él entendió el mensaje, aún después de la muerte de Jesús, él siguió llevando el mensaje y cargando con la responsabilidad de llevar el nombre de Jesús.

Después de un tiempo, se dice que lo capturaron y al igual que Jesús, fue crucificado.

La cruz en la que Andrés fue colgado era en forma de "X". Ahora es conocida como la cruz de San Andrés. El legado que él dejó, fue una cruz con su nombre.

¿Recuerdas a Felipe? Él siguió a Jesús, y después que Jesús murió, Felipe siguió su ejemplo, y después de un tiempo, se dice que también murió crucificado.

El legado que nos debería preocupar por dejar después de partir de este mundo, es que cuando la gente nos recuerde, recuerde que hay un Dios. Que nuestro nombre desaparezca y aparezca el de Dios, que nuestra vida apunte hacia él.

¿Recuerdas a Jesús? incluso él estuvo dispuesto a desaparecer para que Dios apareciera, su vida apuntaba a Dios.

El mismo dijo: El que me ve a mí, está mirando al que me envió. (Juan 12:45)

Esta solo fue una de las varias veces que dijo algo parecido.

Uno de los requisitos de Jesús para el que lo quisiera seguir era negarse uno mismo.

La palabra negarse, originalmente se refiere a negar que te conoces a ti mismo, rechazarte a ti mismo, abstenerte de convivir contigo mismo. No asociarse más con la persona que eres en este momento. desaparecer completamente, un verdadero holocausto.

3. El que ama su vida, la perderá. (Juan 12:25)

Para entrar en este punto, creo que se va a necesitar otro capítulo en el libro...

Capítulo 20
La copa y la esponja

El que ama su vida, la perderá; y el que aborrece su vida en este mundo, para vida eterna la guardará.

Juan 12:25

Getsemaní.

La noche que Jesús iba a ser entregado, después de celebrar la pascua, fue con sus discípulos al huerto donde seguido se juntaban para descansar.

Estando ahí, Jesús comenzó a sentir angustia por lo que venía, él sabía que había llegado su hora. Él sabía que era la última noche que pasaría con ellos. Jesús se apartó para orar.

Necesitaba hablar con Dios de todo lo que estaba sintiendo.

Pero antes de ir a ese lugar a solas, les dejó saber a los discípulos cómo se sentía, les dijo: Mi alma está muy triste, hasta la muerte... (Marcos 14:34)

Era tanta la angustia que sentía, que comenzó a experimentar algo que se conoce como hematidrosis; es una condición rara en la que, cuando uno está atravesando por demasiado estrés, algunos de los vasos sanguíneos que tenemos en la cabeza se rompen, y la sangre que había dentro de ellos se mezcla con el sudor, así que el sudor saldrá de los poros mezclado con sangre.

Esto sucede cuando existe una situación de mucha angustia, mucha preocupación, o temor.

Jesús está solo en ese rincón, pensando o visualizando lo que viene, eso no lo tomará por sorpresa, él sabe a lo que vino y está al tanto de las consecuencias:

Van a quebrar su cuerpo.

Los golpes. los azotes. las bofetadas. la corona de espinas en su cabeza. los clavos atravesando su piel. sus nervios. sus tendones. su carne. solo tres clavos mantendrán el peso de su cuerpo en la cruz.

Van a quebrar su alma.

La humillación. los insultos. la burla. las escupidas. las risas. la desnudez. la exhibición. los espectadores.

Van a quebrar su espíritu.

Estaba escrito que todo aquel que fuera colgado era maldito. (Gálatas 3:13)

Era la hora de cargar con el pecado del mundo.

Él, que no había cometido pecado, pagaría las consecuencias por la desobediencia de la humanidad.

Él sería el cordero que sería sacrificado por el mundo.

El mundo sería juzgado en él.

El peso del juicio de Dios caería sobre él.

Por un momento, todas esas imágenes en su cabeza, los pensamientos, todos los sentimientos… se convirtieron en palabras, su corazón hablaba:

Abba, padre, todas las cosas son posibles para ti, aparta de mí esta copa; más no lo que yo quiero, sino lo que tú. (Marcos 14:36)

¿Esta copa? ¿de qué habla?

Jesús está usando un símbolo que podemos encontrar en otras partes de la biblia:

Cuando se menciona la copa como símbolo, se refiere a un tiempo de prueba, a un tiempo malo, a veces un tiempo de juicio. (Jeremías 25:15, Zacarías 12:2, Apocalipsis 15:7, Apocalipsis 16:1)

Jesús sabía que el tiempo que venía para él, era una prueba muy fuerte, una bebida muy amarga.

Él tenía una misión, y tenía que resistir hasta el final. En contra de lo que podía pensar o sentir en ese momento. Tenía que beber esa copa.

La cruz.

Jesús fue entregado, arrestado, lo juzgaron, lo castigaron, y después de todo, lo llevaron a crucificar.

Cuando llegaron al lugar donde colocaron la cruz, los soldados prepararon todo lo que necesitaban, y en su generosidad le ofrecieron a Jesús otra bebida, esta vez no era en una copa, la bebida que le ofrecieron venía en una esponja.

Le dieron a beber vinagre mezclado con hiel; pero después de haberlo probado, no quiso beberlo.

(Mateo 27:34)

Esta bebida que se le ofreció a Jesús era una mezcla de vino de vinagre y un tipo de droga que se le daba a las personas que iban a ser crucificadas para que soportaran el dolor, como un tipo sedante. El dolor de la cruz es tanto, que se tuvo que usar una palabra nueva para describir el dolor máximo, la palabra excruciante es latín y significa: salido de la cruz.

Los soldados pensaron que Jesús necesitaría algún sedante para soportar la tortura que estaba por experimentar.

Al momento que Jesús sabe lo que hay en esa esponja, la rechaza, él no quiere esa bebida.

Está dispuesto a soportar lo que viene…

La noche anterior le dijo Jesús a Pedro: La copa que el padre me ha dado, ¿no la he de beber?

(Juan 18:11)

Cuando decides ir en contra de la corriente del mundo, cuando estás dispuesto a vivir una vida diferente a la de los demás, como mencioné en los capítulos anteriores, va a haber personas que van a querer matar el espíritu, apagarlo.

Va a haber personas que van a querer poner a prueba esa nueva vida, poner a prueba tu paciencia. Recuerda que vas en contra de la corriente, y eso trae consecuencias.

Va a haber personas que te van a ver como un blanco en el que ellos puedan proyectar lo que tienen dentro, esperando que no contestes o que no te defiendas, y si reaccionas, te van a ver como un hipócrita, como alguien que no vive lo que predica.

Esa es la bebida que Jesús nos ofreció desde que comenzó a predicar.

Les dijo: Alégrense cuando por mi causa los calumnien y los persigan, y digan toda clase de mal contra ustedes, mintiendo. (Mateo 5:11)

Se escucha como una bebida amarga, como una bebida que no se disfruta.

Las opciones son dos solamente:

1. Tomas la bebida en una copa.

¿Estás dispuesto a soportar el tiempo malo?

¿Estás dispuesto a soportar el tiempo de prueba?

¿Estás dispuesto a permanecer cuando todo y todos estén en tu contra?

¿Estás dispuesto a soportar la burla, la crítica, solo por actuar diferente?

Beber de la copa es estar dispuesto a subir a la cruz y dejar todo ahí, estar dispuesto a pasar por lo que sea necesario para que el nombre de Dios sea levantado.

Estar dispuesto a desaparecer para que Dios sea visto por el mundo.

2. Tomas la bebida en una esponja.

Vivir anestesiado, hacerte a un lado cuando el problema está ahí.

La esponja es vivir una vida cómoda, tratando de no agitar el agua, pasar desapercibido.

Que nadie note que tienes diferentes creencias, que nadie te etiquete porque eres religioso.

Beber de la esponja es pretender que vives en la cruz, pero no estás dispuesto a entregar todo, solo ser parte de algo, sin involucrarse lo suficiente.

Beber de la copa es tratar de evitar el dolor, pasar por las circunstancias adormecidos para convertirlo en un paseo suave.

Esta decisión se toma basado en: ¿Cuánto amas tu propia vida?

Cuando Jesús lanzó este reto y dijo que el que ama su vida la perderá y el que la aborrece, la guardará para vida eterna, había mucha gente presente: líderes religiosos, incluso gobernantes; y ese día la gente tomó diferentes decisiones...

Con todo eso, aún de los gobernantes, muchos creyeron en él; pero a causa de los fariseos no lo confesaban, para no ser expulsados de la sinagoga. Porque amaban más la gloria de los hombres que la gloria de Dios.

Juan 12:42-43

Mucha gente entendió el mensaje, pero aún después de haberlo entendido, no quisieron cambiar su reputación, su título, su vida social, por la oportunidad de una nueva vida.

Según el evangelio de Juan, después de que Jesús dio este mensaje, se retiró con sus discípulos al lugar donde celebraría su última cena con ellos.

Básicamente su último mensaje fue un reto a despreciar tu propia vida por un propósito mucho más grande que tú mismo.

Y después de eso, él mismo fue y nos mostró cómo se hace.

Puedes vivir buscando tu propia gloria, o puedes vivir buscando la gloria de Dios.

Puedes beber un sedante y vivir una vida tranquila, sin molestar a nadie y sin que nadie te moleste.

O puedes vivir una vida que agite el agua en el mundo. Una vida que le grite a Dios: ¡Mándame cualquier circunstancia que me ayude a levantar tu nombre!

Sírveme la bebida en la copa que estoy dispuesto a beberla.

Y al final poder decir como Jesús:

Cumplí la misión que me diste, he glorificado tu nombre. (Juan 17:4)

Jesús dijo: el que quiera venir tras de mí... niéguese a sí mismo...
...Holocausto...

Capítulo 21
El ADN de Dios

Pido también que les sean iluminados los ojos del corazón para que sepan a qué esperanza él los ha llamado, cuál es la riqueza de su gloriosa herencia entre los santos,

Efesios 1:18

El ADN o información genética de una persona se encuentra en el núcleo de la célula.

Esta información, es la que le da propósito a las células para que estas se agrupen y creen tejidos que después se podrían convertir en un miembro del cuerpo.

Le daría figura e identidad al cuerpo.

Por otra parte, la bacteria, de la que estuvimos aprendiendo en la sección dos del libro, no contiene un núcleo, por lo tanto, si juntamos en un solo lugar gran cantidad de bacteria, esta solo creará una gran masa gelatinosa, sin figura, sin identidad, porque carece de núcleo y por lo tanto también de ADN.

La mycobacterium leprae (la bacteria que provoca la lepra), cuando encuentra un huésped, en la parte del huésped que se establezca, sólo va a deformarlo.

Por decirlo de una forma muy simple, la carencia de ADN de la bacteria sólo deforma al huésped.

Pero, ¿qué pasaría si Dios pusiera su ADN en nosotros? su identidad, su esencia.

Para ver qué ocurriría, necesitamos ir a una ocasión donde Jesús mismo puso su ADN en una persona:

En una ocasión, Jesús entró en una aldea llamada Betsaida, ahí dentro, le llevaron a un ciego para que lo sanara. Jesús lo tomó de la mano y lo sacó de la aldea.

Si Jesús quería que la gente creyera en él, ¿porque sacaría al hombre de ese lugar?

Parece que Betsaida era un lugar que era conocido por su incredulidad o su escepticismo.

Una ocasión, Jesús proclamó la incredulidad de ellos:

...¡Ay de ti, Betsaida! porque si en Tiro y en Sidón se hubieran hecho los milagros que han sido hechos en ustedes, tiempo ya que se hubieran arrepentido... (Mateo 11:21)

Como es un lugar escéptico, Jesús prefiere sacar a la persona fuera de ahí para poder obrar como él quisiera.

Una vez fuera de ahí, Jesús escupe en los ojos del ciego. En su saliva, Jesús está compartiendo su ADN con el ciego, directamente en sus ojos, Jesús quiere que este hombre vea las cosas como él las mira.

Después de esto, Jesús le pregunta si veía algo.

El hombre le dice que mira a los hombres como árboles caminando. (Marcos 8:24)

Cuando Jesús sanaba a las personas de sus enfermedades, no lo hacía a medias, cuando los sanaba, eran libres en ese momento. Cuando leí este pasaje, parece como si Jesús hubiera dejado algo sin terminar, el hombre, al parecer, no miraba claro; pero después de poner atención, me di cuenta que esto fue a propósito, para darnos una lección.

El hombre miraba a los hombres a través del ADN de Jesús, miraba a los hombres como Dios nos mira a nosotros. ¡Como árboles caminando!

Para Dios, la humanidad son árboles que a su tiempo van a dar fruto. Todos podemos cambiar, todos podemos aportar algo, todos podemos alimentar a otros con nuestros frutos.

Podemos dar consejos.

Podemos dar consuelo.

Podemos dar ejemplo.

Podemos ser de ayuda para alguien más.
Dios cree en nosotros.
Dios espera que nos veamos unos a otros de la misma manera.
Dar oportunidades.
Todos, a nuestro tiempo, podemos dar algo bueno.

Como menciona Efesios 1:18, Cuando Dios viene a nosotros, no solo abre nuestros ojos, sino también abre los ojos del corazón; abre los ojos espirituales para ver las cosas de otra manera, las situaciones, las circunstancias, ¿porque no?, a las personas.

Mas el fruto del Espíritu es amor, gozo, paz, paciencia, benignidad, bondad, fe, mansedumbre, templanza; contra tales cosas no hay ley.

Gálatas 5:22-23

La tercera parte del sacrificio que se debía entregar después de ser limpiado de la lepra, era una ofrenda.

La definición de ofrenda es entregar algo a cambio de nada. Porque tú quieres hacerlo.

No porque quieres ser recompensado con algo, o porque esperas algo de regreso. A diferencia del sacrificio, que era entregado para obtener perdón o gracia de Dios.

La ofrenda es gracia en sí. Dar fruto para que otros se alimenten.

Que si alguien necesita alimento para su alma o su espíritu, puedan venir a ti y ser alimentados con eso, que puedan encontrar en ti lo que están buscando, y a su tiempo que ellos puedan llevar eso mismo a alguien más.

Seguir a Jesús es caminar cerca de él, para no perderlo de vista, es pasar por donde él pasa, es hacer lo que él hace, y ahora entiendo que también es ver al mundo como él lo ve.

Una vez que Jesús sanó al ciego, y recobró su vista, le dio instrucciones:

Le dijo que no entrara en la aldea de nuevo. (Marcos 8:26)

Jesús, para sanarlo, lo sacó de esa aldea, de ese ambiente de escepticismo, de incredulidad; y lo llevó lejos de ahí, donde el ambiente no afectara el milagro que estaba por ocurrir.

Salió de su rutinaria forma de pensar, tenía que abrirse a algo nuevo, algo sobrenatural.

Y no era opción para este hombre regresar a su antigua forma de pensar.

Le dijo lo mismo que le dijo al leproso: no le digas a nadie en la aldea. (Marcos 8:26)

Esta persona ahora miraba las cosas diferente, incluso a las personas. Pero tenía que callar y esperar que la gente también lo viera diferente a él, y eso no se consigue con palabras, eso se consigue con una nueva forma de vivir.

Se consigue dando fruto de una nueva vida, dando ejemplo.

Tenemos que convertirnos en árboles caminando.

Capítulo 22
¿A quién debo liberar?

Ahora bien, en el día de la fiesta les soltaba un preso, cualquiera que pidiesen.

Marcos 15:6

Jesús estaba dispuesto a convertirse en el sacrificio por la humanidad, el que pagaría por los errores de todos, con su vida.

Como a todos los sacrificios, antes de ofrecerlos, debían revisar que fueran perfectos, sin defecto. A Jesús lo llevaron con varias personas para ser juzgado, para encontrar una excusa para deshacerse de él. Y no le encontraron nada.

Al parecer, su único error, fue haber hablado diferente, actuar diferente, mostrar que hay una mejor manera de vivir, su error fue agitar el agua. Tocar heridas que la multitud había tratado de suprimir. Enfrentarlos con ellos mismos, incomodarlos.

Su error fue predicar un mensaje respaldado con hechos, con autoridad, muy diferente a lo que la gente estaba acostumbrada, y más los líderes religiosos de ese tiempo.

Su error fue haberle mostrado a la gente que debían hacerse responsables por sus acciones, que no podían andar por el mundo culpando a alguien más, lo que debía cambiar estaba dentro de ellos, debían mirar hacia adentro para encontrar que cambiar.

Todo lo que la gente trataba de ocultar, de suprimir, lo encontraban en él, todo lo que ellos estaban tratando de evitar, se había encarnado, él les mostraba su conciencia, y por eso no lo entendían.

Lo regresaron con Pilato, lo interrogó de nuevo, y no encontró nada malo en él.

Él sabía que era inocente. Y lo quería dejar libre.

Él sabía que solo era celo, el motivo por el que Jesús estaba ahí.

Recordó Pilato que en ese tiempo había una costumbre, soltar a un preso. Se dice que se elegían los presos que habían reportado una mejoría en su comportamiento, que habían mostrado un cambio, y de ellos se elegía a uno que sería liberado.

Esta vez, Pilato quería hacerlo diferente, Tenía el plan perfecto para liberar a Jesús.

Así que fue y eligió al peor de los presos, Barrabás. Él sabía que si presentaba lo peor que tenía y a un hombre inocente, elegirían, sin dudar, a Jesús.

Por un lado estaba Barrabás.

Lucas menciona que este hombre había sido encerrado por sedición, organizó a un grupo de personas para rebelarse contra la autoridad. Este hombre estuvo predicando rebelión, envenenando la mente de la gente para ponerse en contra del gobierno, de la autoridad.

También Lucas menciona que fue encerrado por un asesinato, por quitarle la vida a una persona. (Lucas 23:19)

Juan menciona que Barrabás era un ladrón, se dedicaba a quitarle a otras personas el fruto de su trabajo, los despojó de sus propiedades. (Juan 18:40)

Mientras Barrabás estuviera en la calle, la gente peligraba, su mente estaba enfocada en tres cosas: robar, matar y destruir.

Por el otro lado está Jesús.

Un hombre inocente.

Su delito era ser diferente, ir en contra de la corriente, abrir los ojos de la gente a una nueva forma de pensar, a una nueva forma de vivir. Mientras Barrabás predicaba una sedición en contra del gobierno, mientras predicaba que la inconformidad que uno tiene, necesita proyectarla hacia alguien más, culpar a alguien más, castigar a alguien más, lejos de esforzarnos por ser los que cambiemos para no ser parte del problema, sino de la solución. Jesús predicaba una revolución, que comienza desde dentro de uno, para poder cambiar para bien y tener una mejor sociedad.

Mientras Barrabás mataba, mientras mostraba no tener respeto por la vida, todo lo contrario, estaba dispuesto a despojar a alguien más del aliento de vida, solo por egoísmo, por obtener lo que necesitaba en ese momento.

Jesús daba vida. Literalmente llegó a resucitar a varias personas en su ministerio. Aparte de eso se dedicaba a ofrecer vida, esperanza, sanidad, nueva perspectiva, un sentido a la vida, un propósito.

Mientras Barrabás se dedicaba a robarle a la gente, no solo propiedades materiales, sino la paz mental. El hecho que el anduviera suelto, obligaba a las personas a estar mirando sobre su hombro cada vez que lo miraban cerca esperando ser atacados por él.

Cuando alguien necesita saciarse de algo que carece, lo más fácil es tomarlo de alguien más; si uno necesita saciar la autoestima, en lugar de obtener algún logro que se desea, lo más fácil es ofender a alguien más, o hacerlo menos para nosotros sentirnos más o mejores que ellos. Nos alimentamos de la autoestima de alguien más, robamos.

Cuando no estamos satisfechos con quien somos, o cómo nos miramos, lo más fácil es buscar a alguien a quien podamos exponer para cambiar el enfoque en nosotros y apuntarlo a alguien más, para escondernos, robamos.

Eso es lo que Barrabás está representando, la humanidad en su estado más bajo, egoísmo, frialdad, anarquía.

Pilato tenía su caso resuelto, les daría a elegir entre un predicador y un terrorista.

Llega la hora de elegir, Pilato está sentado en el tribunal, la multitud está frente a él.

Y les da la opción: ¿a quien quieren que libere?

A una voz, la multitud grita: ¡Libera a Barrabás!

La multitud no quiere lo que Jesús les ofrece, no quieren ser movidos de esa zona de comodidad, no quieren ser empujados a cambiar, incomodados.

Aún así, Pilato tiene la última palabra. Y trató de persuadirlos de cambiar de opinión apelando a sus conciencias; y recordándoles que Jesús nunca hizo nada malo.

La multitud sigue gritando que quieren a Barrabás.

Pilato estaba en un dilema, les daba lo que quieren o lo que necesitan.

Pilato, después de usar sus últimos recursos, libera a Barrabás, la multitud gana.
Pilato sabía lo que era correcto, aún así no lo hace.

Si nos tomamos un momento para pensar en la situación, vamos a ver a Pilato como una persona débil, sin carácter, sin autoridad, que se deja manipular por la gente a su alrededor.

Que deja que otros decidan lo que él debe hacer, que incluso lo hacen actuar en contra de su voluntad, que sigue el flujo de la corriente. Podemos pensar lo peor que queramos de él, pero hay algo más en lo que quiero que pensemos ahora:

Cada día nos encontramos en la situación de Pilato. En la escuela, en el trabajo, en la casa, en el mercado, mientras hacemos fila, conduciendo, esperando, caminando en la calle, cuando estás rodeado de gente, entre la multitud, frente a la multitud...

Dentro de nosotros, tenemos a Barrabás, la tendencia a destruir, a robar, a matar (incluso matar emocionalmente), degradar, pisotear. Ese animal llamado carne, instintos hambrientos, buscando saciarse a como dé lugar, sin importar quien sale lastimado. Sin importar a quien herimos. Esperando que alguien oprima el botón indicado para hacernos explotar. Para hacernos reaccionar. Impulsos. Barrabás.

Dentro de nosotros, tenemos a Jesús, el lado espiritual, el lado moral, ética.

La búsqueda por la integridad.

La tendencia a mejorar cada día.

A ser mejores que nuestra versión de ayer.

Una conciencia que nos corrige cuando hacemos, decimos, o incluso cuando pensamos algo malo.

La incomodidad de ayudar cuando vemos que podemos hacer algo por alguien más.

Cada día estamos sentados en el tribunal como Pilato, con una multitud frente a nosotros gritándonos al oído: ¡Queremos a Barrabás!

Cuando alguien nos corta cuando estamos manejando.

Cuando estás en una fila y alguien lleva más prisa que tú, y corta la espera.

Cuando saludas a alguien y no te responde.

Cuando le abres la puerta a alguien por educación y no te voltea a ver.

Cuando alguien te empuja por accidente, y no se disculpa.

¡Queremos a Barrabás!

Cuando te etiquetan por como te ves.

Cuando alguien te hace menos para sentirse mejor.

Cuando alguien quiere que cargues con su equipaje emocional.

Cuando alguien te ve contento y lo ven como un problema que hay que solucionar.

Cuando te ves relajado y te conviertes en un blanco para atacar.

¡Queremos a Barrabás!

Cuando estás en la calle y alguien presiona el botón indicado, a veces a propósito, para obtener una reacción negativa, y cuando explotas, tienes a una multitud a tu alrededor grabando con su celular, y exhibiendo el peor momento de tu vida, por el que ahora serás recordado.

Subes un video de motivación, o una escena que podría darle un giro a nuestra forma de pensar, y es opacado por otro video de alguien que explotó en el supermercado, un video que será viral en cinco minutos.

¡Queremos a Barrabás!

La multitud no entiende a Jesús, no entiende lo que quiere hacer en el mundo, por eso lo rechazan. Pero a Barrabás si lo entienden, por eso lo aceptan, por eso lo piden, no, por eso lo aclaman.

Barrabás nos hace sentir que somos normales, que es lo común reaccionar o actuar como él.

Jesús parece ser alguien que no cabe en esta sociedad. No lo entendemos.

Y como no lo entendemos, nos deshacemos de él.

La multitud sólo aceptará a alguien que viva o actúe peor que ellos, alguien a quien puedan ver hacia abajo y compararse. Y ver que su vida no está tan mal. Ellos no aceptarán a alguien que agite el agua.

La multitud no quiere que sacrifiques al animal, no quiere que subas a la cruz.

La multitud prefiere ver a Jesús siendo sacrificado, prefieren que sea él quien muera.

Ahora que estoy sentado en el tribunal, en lugar de Pilato, con una multitud frente a mí, clamando: ¡Queremos a Barrabás!

Necesito pensar muy bien a quién les libero.

¿Los escucho a ellos o a la voz en mi conciencia?

¿Les doy lo que quieren, o lo que necesitan?

¿Crucifico a Jesús o a Barrabás?

Recuerda que una ofrenda es dar algo a cambio de nada.

Jesús dijo: el que quiera venir tras de mí, sígame...

Capítulo 23
Evidencia de la evidencia

Mas él herido fue por nuestras rebeliones, molido por nuestros pecados; el castigo de nuestra paz fue sobre él, y por su llaga fuimos nosotros curados.

Isaías 53:5

Estoy parado frente a la cruz, creo que llegué tarde, ya hay alguien ahí arriba. Jesús.

El no debería estar ahí, él no debería pasar por semejante tortura, yo soy el que merecía todo ese castigo por lo que he hecho. Eso es lo que me susurra Moisés al oído, mientras carga sus dos tablas de piedra. No merecía que Dios me volteara a ver. No merecía otra oportunidad. No merecía siquiera estar parado en ese lugar. Es la ley.

Lo único que merecía es estar ahí, arriba, siendo exhibido.

La ley no puede ofrecernos una salida, o una solución, solo es una sentencia de muerte.

Por más que intentemos ser mejores, nuestro corazón produce espinas, y estas opacan el fruto que deberíamos producir, necesitamos un trasplante de corazón.

O peor aún, necesitamos morir...

Porque el que ha muerto, ha sido justificado del pecado. (Romanos 6:7)

Pero Dios mismo decidió tomar mi lugar en esa cruz, y estoy parado frente a él, en asombro, no puedo creer lo que veo, un hombre desfigurado. Golpes. Latigazos. bofetadas.

Una corona de espinas. Clavos atravesando sus manos y pies. Teniendo complicaciones para respirar. Deshidratándose poco a poco.

Veo a mi lado, y hay alguien más parado ahí, una persona a la que la ley la había sentenciado a muerte también. Pero él estaba condenado a ser un muerto en vida, el ex-leproso; él estaba condenado a ser un fantasma caminando por las calles, y la gente que lo mirara, correría de él, no podía hablar siquiera con nadie, estaba condenado a ver a la gente de lejos, a su familia, y solo recibir abrazos imaginarios.

Jesús le dio una segunda oportunidad, le dio una vida, ahora Jesús era el despreciado, era el rechazado, el avergonzado, Jesús estaba tomando su lugar.

A lo lejos veo a un hombre, prefiere no acercarse, solo mira lo que está ocurriendo.

Su cuerpo tiene varias cicatrices, se ve sucio, sus vestidos gastados, es difícil leer su mirada. Parece confusión con una mezcla de alivio. Su nombre: Barrabás.

Este hombre, literalmente puede decir que Jesús está tomando su lugar. Todo lo que este hombre hizo era suficiente para tener un lugar en su propia cruz.

Pero lejos de eso, solo se le otorgó mirar de lejos. El admira por un poco de tiempo, y veo como se da la vuelta y se retira después de un gran suspiro.

Es un lugar de segundas oportunidades, espero que Barrabás sepa qué hacer con la que se le está entregando. Volvió a vivir, espero que valore eso.

Regreso mi mirada a la cruz, igual que en los sacrificios que se requerían, se debía derramar sangre para cubrir la culpa de la persona que entregaba el sacrificio.

Todo su cuerpo está cubierto de sangre, cubriendo mi culpa, pagando por mi vida. Pagando el precio por una segunda oportunidad para nosotros.

Jesús está dispuesto a derramar la última gota por nosotros. Toda su sangre.

Siendo derramada por nosotros.

¡Un momento! Hay una mancha de sangre que él está protegiendo para que no se pierda entre la que él ofrece. Una mancha en la yema de sus dedos. Una mancha de sangre seca, de la noche anterior. Esa sangre no es de él. Es de alguien más.

Esa mancha me hace pensar en alguien más que debería estar colgado en una cruz al lado de Jesús, Pedro.

¿Qué tiene de especial esta mancha?

Esa mancha es la evidencia de ese minuto en la historia, en el que el siguiente paso del plan de Dios se vio nublado. Era solo una silueta sin figura. Una pieza perdida en el reloj del tiempo. El siguiente paso del plan se llamaba: Iglesia.

Cincuenta días antes de nacer, ya peligraba, ya pendía de un hilo.

La iglesia estaba a punto de ser abortada, de ser eliminada antes de siquiera existir.

Pero vamos atrás en el tiempo para entender mejor esto.

Casi un año antes de ese día...

Una ocasión Jesús le dio una promesa a Pedro, y esa promesa llevaba una gran responsabilidad:

Y yo también te digo, que tú eres Pedro, y sobre esta roca edificaré mi iglesia; y las puertas del hades no prevalecerán contra ella.

Mateo 16:18

Pedro sería el primero en dar un mensaje público acerca de Jesús, un mensaje en el que se convirtieron casi tres mil personas (Hechos 2:41).

Ahí comienza la iglesia, cincuenta días después de la crucifixión.

Pedro sería el fundamento de esa iglesia. Después de dar ese mensaje, y la gente cambiara su forma de pensar, su perspectiva, se comienza a reunir la gente en casas para recibir más de lo que Jesús había enseñado.

Había un propósito para la vida de Pedro, él era una pieza clave.

La noche antes de la crucifixión...

Cuando estaban cenando, Jesús le advierte a Pedro que ha sido pedido para ser zarandeado como trigo. Le avisa que algo grande va a ocurrir esa noche, y que lo necesita en su mejor compostura. Jesús conoce muy bien a Pedro, sabe que es muy impulsivo, muy volátil, muy cambiante. Y Jesús rogó por él, para que no cayera. (Lucas 22:31-32)

Pero al final del día, esta era la batalla de Pedro. Nadie podía interferir. Lo único que le quedaba a Jesús era rogar por él, desearle lo mejor, y mantener su distancia.

Terminan de cenar, y van a ese lugar donde seguido se reúnen en el huerto a descansar.

Eso es exactamente lo que hacen los discípulos, descansar.

No Jesús, él sabe lo que está por ocurrir, así que él sabe que no es momento para descansar.

Llega la hora, se acerca el grupo de gente que viene a arrestar a Jesús.

Jesús está listo para eso, ¿Qué hay de Pedro?

Entonces Simón Pedro, que tenía una espada, la desenvainó, e hirió al siervo del sumo sacerdote, y le cortó la oreja derecha. y el siervo se llamaba Malco.

Juan 18:10

Pedro ataca a uno de los que iban entre la multitud. Yo no creo que su intención era solo cortar la oreja de aquel hombre. Pienso que Malco tenía buenos reflejos y trató de evadir que le cortaran el cuello.

El temperamento de Pedro saca lo peor de él.

En ese momento no había nada más peligroso que una persona impulsiva portando una espada.

Si los dos hombres que fueron crucificados a los lados de Jesús se describen como ladrones, imagínate la sentencia que se le daría a Pedro por intento de homicidio en contra del siervo del sumo sacerdote. La vida de Pedro pendía de un hilo. Los testigos eran demasiados.

La evidencia estaba aún en el suelo del huerto. Pedro, parado en la escena del crimen con una espada en su mano. volviendo en sí.

¿Quién predicará dentro de cincuenta días para que se conviertan las tres mil personas?

¿Quién se convertirá ahora en la piedra o el fundamento de la iglesia?

Ese error le puede costar la vida. peor aún.
Ese error le puede costar la vida a millones de personas en los siguientes milenios.
Ese error le puede costar la vida a la iglesia.

Pero Jesús tuvo que intervenir, ya que Pedro estaba siendo zarandeado como al trigo cuando lo tienen que limpiar, cuando lo sacuden para separar lo que no pertenece y quedarse con lo que sirve. Pero Pedro, al ser sacudido, se quedó con lo que no le ayudaría, la sacudida que se le dio lo dejó con lo peor de él.

Jesús toma la evidencia y la desaparece, regresa la oreja a su dueño, Jesús corrige el error de Pedro, lo cubre, y regresa el plan a su estado original.

Evitó que Pedro fuera arrestado, o tal vez ejecutado.

El día de la crucifixión...
Jesús está clavado en la cruz, entregando su sangre por todos nosotros.

La única sangre que se queda ahí, es esa mancha en sus dedos, de la noche anterior cuando levantó la oreja de Malco para restablecerla y desaparecer la evidencia de lo que hizo Pedro. Por esa mancha en sus dedos, Pedro no está a su lado en una cruz.

El plan es reestablecido.

Jesús ha seguido haciendo lo mismo por todos nosotros. Toma la evidencia de nuestros errores y la lleva a la cruz para hacernos ver inocentes delante de Dios.

Hijito míos, estas cosas os escribo para que no pequéis: y si alguno hubiere pecado, abogado tenemos para con el Padre, a Jesucristo el justo.

1 Juan 2:1

Una vez que Jesús restableció la oreja de Malco, Pedro quedó limpio de su error, se le dio una segunda oportunidad, Pedro era inocente delante de Dios.

Pero, ¿Qué hay de los testigos?

¿Qué hay de las personas que estaban en el huerto viendo a Pedro con la espada en la mano?

¿lo miraban igual?

La evidencia de que somos inocentes debe dar evidencia.

Debe haber fruto de que nuestro corazón es diferente.

La gente se conoce por sus hechos, el fruto debe ser compatible con la raíz.

Cuando Juan el bautista decía: Hagan frutos dignos de arrepentimiento... se refería a eso exactamente, si te arrepentiste, deja de hacerlo, un cambio. (Lucas 3:8)

Si tomáramos una fotografía del momento en el que Pedro le cortó la oreja a Malco, y las personas que conocían a Pedro la vieran, me imagino que la primera pregunta que se harían, (de hecho fue la pregunta que yo me hice cuando leí esta historia) sería:

¿Qué hacía Pedro, el discípulo impulsivo, el discípulo que primero hablaba o actuaba y luego reaccionaba, con una espada en la mano?

¿Quién le permitió a Pedro traer una espada?

Si tu temperamento es lo que no puedes controlar, traer una espada contigo se va a convertir en un problema.

Si la programación que miras es lo que no puedes controlar, quedarte a solas con internet se va a convertir en un problema.

Si tu vocabulario es lo que no puedes controlar, hablar demasiado se va a convertir en un problema.

Si tu autoestima es algo que no puedes mejorar, compararte con otros se va a convertir en un problema.

Si tu paciencia es algo que no puedes controlar, sal temprano cuando vayas a manejar.

El problema comienza en el momento en el que colocas la espada en tu cintura.

El celular en tu bolsa.

Las suscripciones en tu programación.

La música que te altera.

El nitro en el motor de tu auto.

Estos pequeños detalles son la base para un cambio.

Pueden convertirse en la evidencia de la evidencia de que eres inocente.

Yo entiendo que las obras no te salvan, que no es por obras que encuentras el cielo.

Porque por gracia sois salvos por medio de la fe; y esto no de vosotros, pues es don de Dios; NO POR OBRAS, para que nadie se gloríe.
Porque somos hechura suya, creados en Cristo Jesús PARA buenas OBRAS...

(Efesios 2:8-10a)

No por obras, pero, para buenas obras. ¡¿Qué?!
NO POR obras porque Jesús ya pagó el precio en la cruz.
PARA buenas obras porque valoras ese sacrificio.
Dejas de hacer obras para convertirte en esas obras. Cuando ponemos de nuestra parte para dejar las cosas que nos estorban, los malos hábitos se convierten en buenos hábitos.
No hacerlo para impresionar a alguien más. Hacerlo para mejorar, para convertirte en lo que haces. Para dar evidencia de que eres inocente.
Pero, quién mejor para respaldar este argumento que el mismo Pedro...
Después de la espada.
Después de el sermón que ganaría a tres mil personas.
Después de haber sido el fundamento de la iglesia...
Después de haber entendido el simbolismo de la mancha de sangre en los dedos de Jesús, dice:

...Para que también los que no creen a la palabra, sean ganados sin palabra por la conducta...

(1 Pedro 3:1)

En otras palabras, las obras no te salvan a ti, pero podrían salvar a alguien más.
Dios tiene un plan, pero el cargar con una espada en la cintura, podría poner una pausa en la vida de alguien más.

Se requiere evidencia.

Lo que me lleva al principio del libro, Dios está dispuesto a limpiarnos de la lepra y darnos una segunda oportunidad.

Pero los que nos rodean, los que nos conocen, quieren evidencia de que estamos limpios, de que fuimos declarados inocentes.

Cuando Jesús le dio a Pedro la visión de su iglesia, también reveló el final de la historia…

Ni nuestras malas decisiones, ni nuestro temperamento, ni nuestra testarudez, ni nuestro conformismo, ni nuestros propios planes, ni nuestro egoísmo, ni las puertas del hades prevalecerán contra ella.

El plan ya está escrito, la meta está trazada, seamos parte de eso.

Seamos la evidencia.

www.ingramcontent.com/pod-product-compliance
Lightning Source LLC
LaVergne TN
LVHW091550060526
838200LV00036B/772